AF460742

E S S A I

D'UN TABLEAU HISTORIQUE

DES PEINTRES

DE L'ECOLE FRANÇOISE,

Depuis JEAN *COUSIN*,

En 1500, juſqu'en 1783 *incluſivement*,

AVEC le Catalogue des Ouvrages des mêmes Maîtres qui ſont offerts à préſent à l'émulation & aux hommages du Public, dans le *Salon de la Correſpondance*.

Sous la direction & par les ſoins de M. DE LA BLANCHERIE, *Agent Général de Correſpondance pour les Sciences & les Arts.*

PRIX XXIV. SOLS.

A PARIS,

Au Bureau de la Correſpondance, Hôtel Villayer, rue Saint André des Arcs.

Et chez KNAPEN & Fils, Libraires-Imprimeurs de la Cour des Aides, au bas du Pont Saint Michel.

M. DCC. LXXXIII.

AVIS.

Ce Tableau ſera remis aux chefs de l'établiſſement & aux Souſcripteurs, & leur tiendra lieu de deux feuilles : en ôtant l'*avant-propos*, ils le joindront à la ſuite des numéros des *Nouvelles de la République des Lettres & des Arts.*

Il ſera envoyé de même aux propriétaires des tableaux actuellement réunis au ſalon, ainſi qu'aux Artiſtes qui ſont partie de l'Ecole françoiſe, ſelon le ſyſtême adopté dans ce tableau.

Il ſera communiqué ſucceſſivement aux jeunes Artiſtes qui fréquenteront le ſalon ; & ils voudront bien avoir ſoin de remettre, en ſortant, chaque exemplaire, à la perſonne qui le leur aura confié.

Le ſalon ſera ouvert *au Public*, pendant les mois de Juillet & d'Août, juſqu'au temps du ſalon du Louvre, les *Mardi & Jeudi depuis onze heures du matin, juſqu'à deux*, l'aſſemblée ordinaire des Savants & des Artiſtes ayant toujours lieu les *Jeudi après midi*, pour l'expoſition des objets des arts en tous genres, & ſeulement pour les perſonnes *connues.*

On eſt prié de ne point toucher les modèles de méchanique & autres objets qui ſe trouveront dans le ſalon.

AVANT-PROPOS.

Les Compagnies & les perſonnes qui, dans tous les pays, contribuent aux progrès des ſciences & des Arts, ou qui y ſont purement intéreſſées, étoient iſolées par la diverſité des langues, & des caractères nationaux, par l'intervalle des pays, par la différence des occupations & des goûts, & par les préjugés de l'amour propre. Les ſciences & les arts eux-mêmes qui, ayant un principe commun, doivent s'aider réciproquement & ſe prêter la main, languiſſoient claſſés par académies, profeſſions ou métiers; leurs productions, dues au beſoin plutôt qu'à l'émulation pour le bien, faute d'un point de ralliement & de publicité, mandiant des ſuffrages ou reſtant dans l'oubli, manquoient preſque toujours ou de perfection ou de récompenſe. L'homme qui, avec du génie ou des talents décidés, étoit tourmenté de la paſſion de produire, méconnoiſſant la marche de l'intrigue, méconnu lui-même, étoit oiſif ou ſans appui, ſe plaignant au ciel de la barrière qu'il trouvoit élevée entre les gens de bien & lui; tandis que l'homme addonné aux ſciences & aux arts, par ſuite d'une éducation mal entendue, plutôt qu'appellé par la nature à cette profeſſion, recueilloit des récompenſes, en faiſant triompher la médiocrité.

Dans cet état des choſes, on laiſſoit ſubſiſter le mal, ſi, dédaignant de voir en grand les abus & les moyens de les détruire, on n'eût pas travaillé à rapprocher l'homme de ſon ſemblable, la ſcience de l'art, & l'homme de la ſcience & de l'art, ſans diſtinction ni de temps, ni de lieu, &c.

Tel eſt l'objet de l'établiſſement de la Correſpondance dont le chef-lieu eſt à Paris; il embraſſe les hommes de tous les pays & de toutes les conditions, 1°. par l'intérêt qu'ils ont à connoître promptement les productions des ſciences & des arts, ou ce qui peut contribuer à leurs progrès; 2°. par les reſſources qu'ils y trouvent, ſoit pour une communication prompte & facile entre eux, ſoit pour connoître, exercer, employer ou acquérir des talents. Ce double but eſt rempli par les moyens ſuivants:

1°. Par une correſpondance ſuivie de la part du chef-lieu dans tous les pays, ſur les objets relatifs aux ſciences & aux arts dont les détails ſont publiés tous les huit jours ſous la forme de Gazette, ou adreſſés *gratuitement* en particulier, lorſqu'ils ne ſont pas d'un intérêt général, aux perſonnes qui en ont fait des objets de demande.

2°. Par une aſſemblée également gratuite, qui ſe tient tous les huit jours au chef-lieu, pour ſervir de point de réunion aux ſavants, artiſtes & amateurs nationnaux ou étrangers de l'un & l'autre ſèxe, ainſi qu'aux ouvrages en tous genres de littérature, de ſciences & d'arts, & autres objets intéreſſants ou curieux, dont la feuille hebdomadaire préſente ſucceſſivement la notice.

3°. Par une ſociété, compoſée de perſonnes de tous pays & diviſée en deux claſſes; la première dite des *Protecteurs*, prenant cette dénomination du nom ou du rang diſtingué de ſes membres, donnant chacun quatre louis par an pendant trois ans; la ſeconde dite des *Aſſociés*, donnant chacun deux louis par an pendant trois ans, leſquelles ſommes ſont applicables, avec le produit des Souſcriptions pour la feuille,

1°. A l'entretien du chef-lieu & autres frais;

2°. A la bienfaiſance envers les jeunes gens de tous les pays, qui auroient beſoin de de ſecours pour acquérir des talents, ou envers les gens à talents, juſqu'à ce qu'on leur ait procuré de l'ouvrage.

3°. A l'acquiſition des ouvrages expoſés à chaque aſſemblée, les plus utiles ou les plus parfaits dans leur genre, ou pour former collection au chef-lieu, ou pour être diviſés au ſort, à la fin de chaque année entre les membres des deux claſſes.

Les membres de la ſociété reçoivent de droit, & franches de port, les feuilles de la correſpondance.

Pour ne laiſſer aucun doute, ni ſur l'emploi des contributions des deux claſſes, ni ſur le zèle avec lequel on veille aux intérêts des perſonnes de tous les pays, qui veulent profiter des avantages de cette inſtitution; on a formé un *Conſeil d'Adminiſtration*, dont les membres choiſis dans les différentes claſſes de la ſociété, repréſentent en corps la ſociété générale & en particulier chaque pays, chaque province, chaque ville, chaque claſſe qui aſſure ou par ſa contribution d'argent, ou par ſes travaux, les progrès des ſciences & des arts, &, réunis *à l'Agent général de Correſpondance*, directeur perpétuel de l'établiſſement, portent l'attention la plus ſcrupuleuſe ſur tous les détails de l'adminiſtration.

L'émulation & la bienfaisance concourent donc également à la consistance de toutes les parties de cet établissement, & servent réciproquement les sciences & les arts par l'homme, & l'homme par les sciences & les arts.

Ainsi, tandis que, dans chaque pays, les compagnies savantes recueillent ce qui peut tendre aux progrès des connoissances humaines pour y ajouter leurs propres lumières, tandis qu'elles montrent aux nations les hommes du mérite le plus distingué dans les différentes parties des sciences & des arts; tandis que les savants & les artistes s'excitent en particulier aux découvertes & à la perfection en tous genres; l'établissement de la correspondance devient le moyen d'une communication prompte & facile entre le public & ces mêmes corps & ces mêmes individus, savants & artistes; il crée entre eux & tous les pays une réciprocité de bons offices, qui mérite d'autant plus la sanction des uns & des autres, qu'ils ne reçoivent rien qu'en échange de ce qu'ils donnent, & qu'ils ne donnent rien que pour recevoir; il est le *médiateur* actif & passif entre toutes les nations, pour faire communiquer ensemble, sans faste, le protecteur & le riche; sans orgueuil, le savant & l'artiste; sans contrainte, l'homme de génie timide; sans humiliation, l'homme malheureux; sans légéreté, la jeunesse; sans prétention, le sèxe; sans apathie, l'indifférent, & sans causticité le critique.

Une explication sur chacune des parties de cet établissement & leur enchaînement nécessaire formeroit un mémoire considérable : on se bornera pour introduction à ce tableau, à quelques détails sur l'*exposition*, l'une des divisions du second *moyen* de l'établissement.

Il n'est pas question ici d'un dépôt ou d'un arrangement tels qu'ils pourroient être faits dans un Musæum; comme les ouvrages nouveaux & les inventions en tous genres, ainsi que les découvertes d'objets précieux se font successivement & s'augmentent chaque jour : aussi voit-on, chaque jour, de nouveaux objets se succéder dans le *salon de la correspondance*; mais on en combine l'exposition en *systême*, tantôt pour l'émulation de la jeunesse, tantôt pour la gloire des maîtres & toujours pour l'utilité du public, qui jouit de la réunion d'objets qu'il n'auroit pas même connus. Si, par exemple, des Peintres de portraits veulent bien exposer quelque ouvrage, tous les autres sont bientôt invités à la concurrence: & voilà comparaison & rivalité de têtes...... Alors les possesseurs de belles têtes de Peintres anciens ou modernes sont aussi priés de s'en dessaisir pendant quelques instans, & placées à côté des premières, elles font faire des comparaisons dont la médiocrité seule s'effrayeroit. Le maître se réjouit en voyant un talent de plus; le public est étonné de se trouver en état de le juger, & l'Artiste pensif va étudier.

Si une famille s'est rendue recommandable par plusieurs Artistes, si un habile homme a produit beaucoup de chefs-d'œuvres, si leurs ouvrages sont épars; la Correspondance employe son activité pour les réunir. C'est ainsi qu'a été formé, l'année passée, le Salon à la gloire des familles *Restout*, *Hallé*, & *Jouvenet*, & cette année le Salon à la gloire de M *Vernet*, Peintre du Roi.

Les applaudissements que l'on a donnés à ces expositions, nous ont engagé à prendre aujourd'hui un plus grand effort. Il est temps de laisser le public apprécier notre travail. Après avoir mis tous nos soins à lui être utile & agréable, nous serons heureux si, d'une part, nous faisons éprouver à quelqu'un pour les Artistes, ce sentiment profond d'estime qui naît si facilement avec l'admiration, & si, de l'autre, ouvrant l'ame sensible de ceux-ci aux douceurs d'un tel triomphe, nous exciterons en eux l'enthousiasme qui produit les chefs-d'œuvres.

Nous ne pouvons terminer cette introduction sans exprimer notre propre reconnoissance envers les Amateurs qui ont fait le sacrifice de leurs tableaux pour seconder nos vues. Le public la partagera sans doute & la postérité en lisant leurs noms dans ce Catalogue avec ceux des Artistes que nous avons le bonheur de posséder, rendra justice à notre siecle.

N. B. Il est nécessaire, avant de lire le Catalogue, de prendre connoissance d'explications qu'on a été obligé de rejetter à la fin. Nous ne prenons point sur nous de donner aux tableaux d'autres auteurs, que ceux que les possesseurs leur attribuent. Au reste, il y aura sans doute peu de réclamations à cet égard.

TABLEAU HISTORIQUE
DES PEINTRES DE L'ECOLE FRANÇOISE,
Depuis Jean Coufin en 1500, jufqu'en 1783 inclufivement,

Avec le Catalogue des Ouvrages des mêmes Maîtres, expofés au Salon de la Correfpondance.

Extrait des *Nouvelles de la République des Lettres*, du 2 Juillet.

ECOLE FRANÇOISE.

Nous avons pour objet, dans l'expofition qui nous occupe, de mettre fous un feul point de vue les maîtres anciens & modernes de notre Ecole jufqu'à nos jours inclufivement, foit par la réunion, foit par le tableau hiftorique de leurs principaux ouvrages. Si nous avions été fecondés felon notre zèle, l'*effai* que nous préfentons, auroit été fans doute plus digne du public; mais, dans les fciences & les arts, c'eft toujours rendre un fervice que de *réunir* : nous demandons indulgence pour les détails.

On diftingue trois temps dans l'Ecole françoife : 1°. Etabliffement d'une communauté de *maîtres* Peintres, en date de 1391; une communauté de Sculpteurs s'unit à elle quelque temps après : on ne diftinguoit pas alors le *travail* de *l'art*; mais, à mefure que le talent vint à fe faire remarquer, le defpotifme des Manoeuvres en communauté, & le fentiment de l'indépendance, naturel à l'Artifte, furent continuellement aux prifes. Ce fut en vain que nos Rois firent des réglements pour accorder leurs intérêts. Les plus habiles Artiftes ne voulant point être de cette communauté, fe réunirent bientôt en corps féparé; & ce fut l'origine de celui qui fubfifte à préfent fous le titre d'*Académie Royale de Peinture, Sculpture & Gravure*. L'Arrêt du Confeil qui l'établit par les follicitations de Lebrun, eft de 1648.

2°. L'établiffement de l'Académie Royale excita la jaloufie de quelques Artiftes, membres de la communauté, qui fe trouvoient confondus avec des artifans : ils obtinrent en 1705 une déclaration du Roi, qui, en laiffant fubfifter l'ancienne communauté, les forma en nouveau corps fous le titre d'*Académie de Saint-Luc*, avec des privilèges femblables à ceux de l'Académie. Il falloit alors, pour exercer fon talent, être de l'un ou l'autre corps; mais, pour être admis dans ce dernier, on étoit encore obligé de fe faire recevoir *maître*, & les talents naiffants étoient dans l'oppreffion.

3°. M. le Comte d'Angiviller, Directeur-Général des bâtiments du Roi, a obtenu de Sa Majefté en 1777, pour la peinture & la fculpture, une franchife pleine & entière. L'Académie de Saint-Luc a été fupprimée; & l'Académie Royale de Peinture, Sculpture, Gravure, établie avec école, expofition, & toute la confiftance néceffaire aux progrès des arts qu'elle profeffe, offre à la nation & à l'univers un corps digne de l'émulation des autres Artiftes, en même temps que la fupériorité des talents en tous genres.

Le Public voudra bien lui-même reconnoître par les dates, auxquelles de ces époques chaque Peintre appartient. Les noms fuivis d'une étoile, défignent ceux dont nous n'avons pu avoir d'ouvrages : les autres font fuivis d'un n°. au moyen duquel on reconnoîtra les tableaux expofés au falon.

Les maîtres anciens ou morts font claffés par date de leur naiffance autant que cela a été poffible; les Maîtres vivants de l'Académie, felon leurs grades & l'ordre de leur reception ou de leur agréément : les autres font fans diftinction. Si on attachoit à ce tableau affez d'importance pour defirer de le voir perfectionné, un fupplément offriroit bientôt les corrections & augmentations néceffaires. Nous avons mis à contribution tous les dictionnaires & Hiftoriens des arts : nous devons beaucoup à l'intéreffante collection du journal de Paris quant aux notices fur les Peintres modernes morts.

PEINTRES ANCIENS.

Jean Coufin.

1. *Un Jugement Dernier;* à M. Lorthior, *Graveur du Roi pour les médailles.*

Cet Artifte, Peintre & Sculpteur, naquit à Soucy, près Sens, & mourut à Paris en 1550, âgé de 88 ans. On le regarde comme le premier de l'Ecole. Il forma fa manière fur les Ouvrages du Primatice. Son Tableau du jugement dernier, qui eft dans la facriftie des Minimes du bois de Vincennes, gravé par Pierre Jode, eft un monument de la fécondité de fon génie. Il peignit également fur verre. Ses Ouvrages en ce genre font les vitres de la Cathédrale de Sens, celles du Chœur de S. Gervais à Paris, celles de la Chapelle des Trois Maries dans la même Eglife. Comme Sculpteur, on a de lui le tombeau de l'Amiral Chabot dans la Chapelle d'Orléans, aux Céleftins. Il fut également très-verfé dans les mathématiques, qu'il appliqua au deffin, & dont il a laiffé différents ouvrages imprimés. Ayant été introduit à la Cour de Henri II par fon beau-père, Lieutenant-Général de Sens; il fut employé fous les Rois François II, Charles IX & Henri III. Les Peintres françois fes contemporains, n'étoient prefque tous addonnés qu'au portrait.

François Clouet, dit *Janet.**

Cet Artifte, contemporain de Coufin, eft connu par les portraits de François I. & François II. On dit qu'il excelloit dans la miniature.

Robert Pinaigrier, Peintre fur verre. *

Cet Artifte n'eft connu que par fes ouvrages, dont la date remonte au temps de Jean Coufin. Les vitres qu'on voit de lui à Chartres font d'un bon goût de deffin & d'un bon apprêt de couleurs. Il en a fait auffi de très-belles à Paris, particulièrement à Saint Gervais. . . . . . Il paffa dans fon temps pour l'inventeur des émaux. On lui attribue auffi les belles vitres qui repréfentent les débauches de l'Enfant prodigue dans l'Eglife de Saint Victor.

Charles Dorigny. *

Ce peintre vivoit en 1540. Il a travaillé pour François I. On voit de fes ouvrages à Fontainebleau.

Thomas Dorigny. *

Cet Artifte de même nom, vivoit au même temps.

Thomas de Breuil *.

Il vivoit au commencement du feizième fiècle. Il fut employé avec Bunel pour achever les ouvrages du Primatice à Fontainebleau. De Breuil y peignit feul quatorze tableaux à frefque, & avec Bunel il a peint la petite galerie du Louvre, brûlée en 1660. Il eft mort fous le règne d'Henry IV.

Jacob Bunel *.

Né à Blois en 1558, peintre habile, fort affectionné d'Henry IV. Il fit des ouvrages fi intéreffants, que le Roi le nomma fon premier peintre. Il eut une femme qui le furpaffa dans l'art de la peinture. On voit entre autres ouvrages de Bunel, l'Affomption de la Vierge au maître-Hôtel des Feuillants de la rue Saint Honoré, la Pentecôte, aux Grands Auguftins, &c.

Martin Fréminet. *

Il eft mort en 1619, âgé de 52 ans, à Paris où il étoi[illegible] Elève de fon pere, Peintre affez médiocres, il fit le voyage de Rome & y refta fept ans, imitant particulièrement la manière de Michel-Ange & du Parmesan. On a de lui de très-beaux ouvrages dans la Chapelle Royale de Fontainebleau. Il les commença sous le règne d'Henri IV, dont il fut nommé premier Peintre, & les finit sous Louis III, qui le créa Chevalier de l'Ordre. Freminet possédoit à fond l'anatomie, la perspective & l'architecture. Ses dessins sont très-estimés.

François Pourbus. *

Cet Artiste que l'on croit né Flamand, appartient du moins à notre nation par l'obligation qu'on lui a du portrait d'un de ses meilleurs Rois ; il appartient aussi à notre école, puisque c'est à Paris qu'il s'est perfectionné, & qu'il a fait sa résidence jusqu'à sa mort en 1623. Il descendoit de Peintres Flamands qu'il surpassa beaucoup. Il peignit le portrait avec beaucoup de succès. Outre la ressemblance, on admire son coloris, ses draperies bien jettées, ses ordonnances bien entendues. Il fit aussi quelques tableaux d'histoire ; tels qu'une Annonciation, aux Jacobins rue Saint Honoré, une Cène à Saint Leu. Son portrait d'Henry IV. au Palais Royal, est connu.

Gabriël Hounet. *

Ce Peintre vivoit en 1580, il fit par ordre d'Henry III. les peintures du Cabinet de la Reine, au Louvre.

François Perrier. *

Cet Artiste a été Peintre & Graveur. Il naquit à Saint-Jean-de-Laune en Bourgogne vers l'an 1590, & mourut à Paris en 1650. Lanfranc fut son maître à Rome, & en forma un élève distingué. Ses ouvrages, les plus estimés, sont le plafond de la Galerie de l'Hôtel de Toulouse, des tableaux dans l'Eglise de la Visitation de Sainte Marie, rue Saint-Antoine ; d'autres dans le château de Chilly, dans la chapelle des Incurables, &c On y remarque beaucoup de feu & d'imagination. Ses dessins annoncent du goût & sont estimés.

Hérault *

Ce Peintre vivoit dans le dix-septième siècle, on voit de lui trois paysages dans une Chapelle de Saint Barthelemi à Paris. Magdelaine Herault, sa fille fut mariée à Noel Coypel qui excella à copier les tableaux des grands maîtres, & réussissoit à peindre le portrait.

Jacques Callot. *

2. *Un portement de Croix ;* à M. Bachelier, *Peintre du Roi.*

Il naquit à Nancy en 1593, & mourut dans la même ville en 1635. Il est plus connu dans la gravure que dans la peinture. Mais l'estime qu'il a acquise par le premier genre, fait apprendre avec intérêt qu'il s'occupa du second. On compte de lui quelques petits tableaux. Ses parents ne le destinoient point aux Arts, mais son génie l'emporta sur leurs vues : dès l'âge de 12 ans il quitta la maison paternelle pour satisfaire son goût. Il fit le voyage d'Italie à la suite d'une troupe de Bohémiens. Come II, Grand Duc de Toscane, l'occupa beaucoup. Louis XIII le manda à Paris, lui fit graver les sièges de la Rochelle & de l'isle de Rhé, On recherche avec empressement ses foires, ses supplices, sa grande & sa petite passion, &c. On admire l'abondance, la variété de ses groupes, &c.

Nicolas Poussin.

3. *Des Baigneuses ;* à M. Piauger, Peintre.

Il étoit des Andelis en Normandie ; il naquit en 1594, & mourut à Rome en 1665. Son goût naturel pour le dessin lui servit de maître. Ne trouvant pas assez de secours à Paris, il partit pour Rome où il ne cessa de copier les tableaux des grands maitres, & les statues antiques. C'est un des plus grands peintres de l'Ecole Françoise : on voit dans les ouvrages de ce beau génie, de l'élégance, de la délicatesse, de l'expression, de la noblesse, de la fierté dans ses airs de tête, & un beau choix de draperies, enfin un style grand & héroïque. Sur sa réputation, il fut appellé à la Cour de Louis XIII, fut nommé Peintre du Roi, & logé aux Tuileries. Il a fait quelques tableaux pour Fontainebleau, mais ses principaux ouvrages en France sont, une cêne dans l'Eglise Paroissiale de Saint Germain en Laye; dans l'appartement du Roi à Versailles, Pyrrhus transporté dans la ville de Mégare; & un paysage dit *d'Arcadie*; & à Paris, Saint François Xavier au noviciat des ci-devant Jésuites; les sept Sacrements dans la collection du Palais Royal, &c. Un jour que cet Artiste venoit à Fontainebleau, le Roi envoya ses carrosses au-devant de lui & lui fit l'honneur d'aller jusqu'à la porte de sa chambre pour le recevoir.

Simon Vouet, *Premier Peintre de Louis XIII.*

4. *Une descente de Croix*; à M. le Marquis de Cossé.

Il étoit de Paris, & y est mort en 1648, à l'âge de 53 ans. Il eut de bonne heure un talent distingué; dès l'âge de 14 ans, il fut appellé à Londres pour y faire le portrait d'une dame de condition; à 20 il passa à Constantinople avec l'Ambassadeur de France : de-là il se rendit en Italie, où il fut élu Prince de l'Académie de Saint-Luc. Louis XII, le rappella en France, & le fit son premier Peintre. On admire en lui un pinceau frais & moëlleux, un goût de dessin léger & aimable, un faire hardi & spirituel. Ses principaux ouvrages se voyent au Palais Royal; dans les Eglises de S. Eustache, de S. Nicolas-des-Champs, de S. Méderic, des Feuillants, on le regarde comme le fondateur de l'Ecole françoise, tous les habiles gens de son temps ayant été formés à son école. On croit qu'il en existoit une autre en même temps que la sienne, mais c'est tout ce qui mérite d'en être dit.

Jacques Stella.

5. *Une Sainte Famille*, 6. *une Bacchanale*, 7. *Amphion jouant sur les eaux*; à M. le Président de Vêvres; 8. *Vénus qui fait aiguiser les armes de l'Amour*; à M. le Brun.

Né à Lyon en 1596, il est mort à Paris en 1657, il fut employé, dès l'âge de 20 ans par le Duc Come de Médicis, à l'occasion des fêtes qu'il donna, pour le mariage de son fils. De-là il alla à Rome, & se lia avec le Poussin. Il y acquit cette manière sage, savante & correcte, qui lui a valu sa réputation. Il fit un jugement de Paris dans la grandeur d'une pierre de bague : il y avoit cinq figures d'une beauté ravissante. On blâme son coloris. Le Duc de Richelieu le détermina à revenir en France. Le Roi le logea au Louvre, lui donna mille livres de pension, & le fit Chevalier de l'Ordre. On voit de lui quelques beaux tableaux dans l'Eglise du noviciat des ci-devant Jésuites, aux Carmelites du fauxbourg Saint-Jacques, dans l'Eglise de l'Assomption, & à S. Germain-le-Vieux, &c.

Jacques Sarrasin. *

Cet Artiste né à Noyon en 1598, mourut à Paris en 1666. Il reçut dans cette Capitale une éducation propre à lui rendre le séjour de Rome utile, & il a laissé en Italie des ouvrages en peinture & en sculpture, qui se soutiennent à côté de ceux des plus grands maîtres. On voit de ses tableaux dans l'Eglise des Minimes de la Place Royale. Mais il avoit la plus grande célébrité dans ce dernier art. Il est un de ceux qui ont été cause de l'établissement de l'Académie Royale.

Jacques Blanchard, *dit* le Titien de la France.*

Il naquit à Paris en 1600, & fut membre de l'Académie Royale. Ses voyages à Rome, à Vénise, à Turin, où il étudia les ouvrages des plus grands maîtres, le perfectionnèrent dans la peinture. Il ouvrit une école à Paris. Outre l'histoire il peignoit le portrait, & fut célèbre, sur-tout par le bon goût de ses couleurs & la belle expression de ses figures. On a de lui entr'autres un tableau à Notre-Dame, représentant la descente du S. Esprit sur la Vierge & les Apôtres : l'Assomption de la Vierge à S. Germain-le-Vieux, & une Pentecote à la chapelle de la Chancellerie du Palais. Blanchard est mort à Paris en 1638.

Claude Gelée, *dit* le Lorrain.

9. *L'Adoration du Veau d'or ;* à M. le Marquis de Cossé.

Il étoit Lorrain ; il naquit à Toul en 1600, & mourut à Rome en 1682 ; fils de parents pauvres, il fut destiné au travail le plus méchanique. Ne pouvant y réussir, il se mit au service, suivit des maîtres à Rome, & eut le bonheur de se placer chez Augustin, le meilleur Paysagiste de cette Capitale. D'abord il ne réussit point, mais un travail assidu lui a fait surmonter toutes les difficultés, & l'a fait exceller dans son genre. Personne n'a mis plus de fraicheur dans ses teintes, n'a exprimé avec plus de vérité les divers effets du soleil & la dégradation des lointains : on a gravé plusieurs de ses ouvrages ; il en a gravé lui-même à l'eau forte ; M. le Duc de Bouillon en possède deux, les plus beaux qui soient connus.

Jean Mosnier. *

Né à Blois en 1600, il est mort en 1657. Il apprit de son père l'art de peindre sur verre. Marie de Médicis le prit à son service & l'envoya à Florence où il travailla pendant trois ans. Il retourna en France en 1625 & fit beaucoup d'ouvrages à Blois, à Tours, à Chinon, à Saumur, à Valence, &c. Il a peint à Chiverni l'histoire de Don Quichotte. Il eut un fils qui fut depuis Peintre du Roi, & Professeur de l'Académie. On voit de ce dernier dans l'Eglise de Notre-Dame de Paris un tableau *ex voto*, à l'occasion d'un procès. Il représente le Parlement Assemblé, & dans une gloire Saint Yves qui intercède Notre Seigneur.

Charles Poerson *

Né en Lorraine vers 1660, mort en 1667. Il fut élève de Vouet, & suivit sa manière. Parmi plusieurs de ses ouvrages on distingue le naufrage de S. Paul, près l'isle de Malthe, & la prédication de S. Pierre dans Jérusalem, à Notre-Dame à Paris. Sa manière est franche, sa touche hardie. Il eut un fils peintre du Roi, & directeur de l'Académie de France à Rome qui fut élève de Noël Coypel.

Jean Restout I.

10. *Achille à la Cour de Nicomède.* 11. *Une Assomption de la Vierge.*, *esquisses ;* à M. Restout.

Fils de Mars Restout, Peintre à Caen, il s'établit à Rouen en 1680, où il épousa la sœur de Jouvenet. On voit dans cette ville de fort bons ouvrages de lui. On a remarqué comme une singularité que ses ouvrages avoient, même avant qu'il connût son beaufrère, le même caractère, le même plan, le même jet de draperie que ceux de ce maître, il fut père de Jean Restout, Peintre du Roi.

Nicolas Mignard, *surnommé d'*Avignon, *parce qu'il demeura longtemps dans cette Ville.*

Il naquit à Troyes en Champagne en 1605, & mourut en 1668. Il passa quelque temps à Rome, fut appellé par ordre de Louis XIV à Paris, & y peignit l'appartement du Roi au rez-de-chaussée des Tuileries. Il mourut directeur de l'Académie Royale de Peinture & Sculpture. Il étoit frère de Pierre Mignard. Leur famille étoit originaire d'Angleterre & établie en France sous le nom de *More*, qu'elle quitta pour la raison suivante. Le père de ces Artistes servoit avec six de ses frères dans les troupes d'Henri IV pendant les troubles de la Ligue ; frappé de la beauté de leur figure, le Roi demanda leur nom ; l'ayant appris, il répondit : ce ne sont pas là des *Mores* ; ce sont des *Mignards*.

Le Valentin, *ou plutôt* Valentin François. *

Il naquit à Colomiers en Brie en 1600, & fut élève de Vouet. Il fit le voyage de Rome, & y étudia la manière de Michel Ange, de Caravage ; sa manière de peindre l'histoire est bonne, sa touche fière ; son coloris beau. Ses principaux tableaux sont à Rome. Il y a eu un autre peintre du même nom; *Simon François*, né à Tours en 1606, mort à Paris en 1671. Il suivit le Duc de Béthune dans son ambassade à Rome : de retour dans sa patrie il fit les portraits du Dauphin, de la Reine, &c. On a aussi de lui un bon tableau, représentant la présentation de notre Seigneur au temple, sur le maître-autel de l'Institution à Paris.

Laurent de la Hire.

12. *Un Paysage, dans le genre de l'Histoire*; à M. Morel, *Intendant des Menus Plaisirs de* Monsieur.

Il naquit à Paris en 1606, & y mourut en 1656. Il apprit les premiers principes de la peinture d'Etienne de la Hire son père. Ses paysages sont supérieurs à ses figures. Sa touche est légère & correcte, son style gracieux & ses compositions sages & bien entendues. Son coloris d'une fraicheur admirable : il entendoit parfaitement l'architecture & la perspective. Il travailloit fort vîte, de sorte qu'il existe beaucoup de ses ouvrages; parmi les principaux on cite, un crucifix, au boix de Vincennes; l'entrée de notre Seigneur à Jérusalem, aux Carmelites; le martyre de S. Barthélémi, à S. Jacques du Haut-Pas; S. Pierre guérissant les malades par son ombre, & la conversion de S. Paul, à Notre-Dame. Il gravoit aussi à l'eau forte.

Louis Boullogne. *

Il fut professeur de l'Académie Royale, & mourut en 1674, âgé de soixante-cinq ans. Il a fait des tableaux assez estimés Tels sont à Notre-Dame à Paris, le martyre de S. Simon, le matyre de S. Paul; il eut deux fils & deux filles dont il sera question ci-après.

Nicolas Robert. *

Né à Langres en 1610, il est mort en 1684, excellent dessinateur & peintre d'animaux, d'insectes, de fleurs & de plantes. Il les peignoit en miniature. On en voit une collection unique & singulière, faite pour Gaston de France, Duc d'Orléans dans le Cabinet des Estampes de la Bibliothèque du Roi, à Paris, qui a été continuée par Joubert, Aubriet, Mlle. Basseporte, & s'enrichit à présent des travaux de M. Vanspandonk.

Pierre Mignard, *dit* le Romain.

13. *Une Adoration des Rois*; à M. Audinet. 14. *Un Saint François avec apparition de la Sainte Vierge portant l'Enfant Jesus, peint à l'âge de 81 ans*; à M[r] l'Abbé Simon.

Il étoit frère de Nicolas, & naquit à Troyes en 1610; il est mort à Paris en 1695. Il avoit un si grand goût pour la peinture, que dès l'âge de douze ans il dessinoit des portraits très-ressemblants. A l'âge de quinze ans il peignit la chapelle du château de Coubert en Brie, ensuite il entra dans l'école de Vouet, & saisit si bien sa manière, que ses tableaux paroissoient être du pinceau de son maître. Mignard se perfectionna ensuite à Rome, & devint supérieur & dans le portrait & dans l'histoire; il rendoit la nature avec une vérité & des graces infinies, son coloris est de la plus grande fraicheur, ses compositions riches & agréables. Le Cardinal Mazarin lui envoya ordre de revenir en France. Il fut directeur de l'Académie de S. Luc, & après la mort de le Brun, premier peintre du Roi. On admire de lui les peintures à fresque du Val-de-Grace; le tableau d'autel de la chapelle de S. Cloud, la galerie, le salon, le cabinet de Diane de ce château, &c.

Charles-Alphonse Dufresnoy. *

Il naquit à Paris en 1611, & mourut à Villers-le-Bel, proche Paris, en 1665. Il fut d'abord destiné à la médecine. S'en étant dégoûté, il apprit le dessin à l'âge de vingt ans, & se mit dans l'école de Vouet; deux ans après il alla à Rome, & y peignit pour subsister, des ruines & d'autres morceaux d'architecture. Il s'y lia avec Nicolas Mignard, & y étudioit les grands modèles. Personne n'a plus approché du Titien pour le coloris. Il a fait peu de tableaux; on en voit un à Ste. Marguerite, un autre dans l'hôtel d'Armenonville, & un au château de Livry.

Guaspre Poussin, *ou plutôt* Gaspard le Duchet.

15. *Un Paysage avec figures, du Poussin*; à M. le Brun, 16. *Un autre*; à M. Martin.

Il naquit en 1613, & mourut en 1675. Il étoit beau-frère du Poussin. Il a peint le paysage avec une intelligence singulière. Le choix le plus heureux des sites, les rivières, les rues, les fontaines rendent ses tableaux infiniment agréables. Son beau-frère a souvent peint des figures.

Louis Testelin *.

Cet Artiste naquit à Paris en 1615, & y mourut en 1655. Il fut élève de Vouet. Il ne se fit connoître que lorsqu'il crut le pouvoir sans compromettre sa gloire. Il paroît qu'une de ses premières productions fut la résurrection de la veuve des Samnites par S. Paul : ce tableau est dans la Cathédrale de Paris ; on admire la fraicheur & le moëlleux du coloris, la hardiesse & la force de sa touche. On voit dans la même Eglise la flagellation de S. Paul & de Silas, & dans une des salles de la Charité, S. Louis qui guérit les malades.

Sébastien Bourdon.

17. *Une Sainte Famille*; à M. Piauger. 18. *Une Conversion de Saint Paul*, à M. de Joubert. 19. *Une Adoration des Bergers*; à M. le Curé de Saint Sulpice.

Cet Artiste étoit peintre & graveur : il fut un des douze premiers membres de l'Académie Royale de Peinture. Il naquit à Montpellier en 1616, & mourut à Paris en 1671, recteur de l'Académie. Dès l'âge de quatorze ans, il peignit à fresque un château près Bordeaux. Il fit le voyage d'Italie, fut attaché à la Reine Christine en qualité de son premier peintre, & revint en France à peu-près vers l'abdication de cette Princesse. Ce fut dans ce temps qu'il entreprit la belle galerie de l'hôtel Bretonvilliers. Il a embrassé tous les genres de peinture ; sa touche est infiniment legère, son coloris brillant, ses compositions sont ingénieuses, quoique souvent extraordinaires. Il a traité beaucoup de sujets de l'histoire sainte. On voit de lui le martyre de S. Pierre à Notre-Dame, une descente de croix à S. Benoît, le martyre de S. Protès à S. Gervais.

Henri Testelin, *frère de Louis.* *

Il naquit en 1616, & mourut en 1695. Il fut fort employé pour le Roi, ce qui lui valut un logement aux Gobelins. Il fut, ainsi que son frère, professeur de l'Académie de Peinture, dont il est mort secrétaire.

Eustache Lesueur.

20. *Une adoration du Veau d'Or*, 21. *le Buisson Ardent*; à M. le Curé de Saint-Sulpice.

Ce peintre naquit à Paris en 1617, & y mourut âgé de trente-huit ans. Il a été surnommé le Raphaël de la France. Rien n'auroit manqué à sa gloire, si son coloris avoit eu la force & la vigueur de celui des peintres de l'école Vénitienne. On admire en lui la correction du dessin, la sagesse de la composition ; son pinceau est moëlleux & facile. Tout le monde connoît la vie de S. Bruno dont il a orné le petit cloître des Chartreux ; le salon des Muses à l'hôtel Lambert, qui font à présent partie de la belle collection du Roi.... Il y a de ses tableaux à Notre-dame, on y cite particulièrement celui qui représente S. Paul qui prêche à Ephese ; aux Capucins de la rue S. Honoré, à S. Germain-l'Auxerrois, à S. Gervais. Cet Artiste n'a jamais quitté la France. On retrouvoit en lui la grandeur & la simplicité qui caractérisent ses ouvrages.

Thomas Blanchet.

Il est mort à Lyon en 1689, âgé de 77 ans. Aidé des conseils du Poussin, cet Artiste est devenu un des plus recommandables peintres de l'Ecole Françoise. Il avoit un style élevé, un grand goût de dessin, un beau coloris. L'architecture & la perspective lui étoient familières. Il a peint l'histoire & le portrait. On voit de lui à Notre-Dame le ravissement de S. Philippe Diacre, après qu'il eut baptisé l'Officier de la Reine de Candace. Il y a aussi un tableau de lui dans les salles de l'Académie où il fut reçu sur sa réputation.

Michel Dorigny. *

Cet Artiste, né à Saint-Quentin en 1617, est mort à Paris en 1665. Il fut élève & gendre de Vouet dont il suivit la manière dans ses ouvrages : on en voit particulièrement au château de Vincennes. Il a gravé d'après Vouet & le Sueur. Il eut un fils élève de le Brun, qui a laissé de bons ouvrages en Lombardie & à Vénise. Il s'appelloit Louis.

Thomas Goulai. *

Peintre, beau-frère de Lesueur & son élève. On voit un tableau de lui dans la nef de S. Gervais à Paris, représentant Saint Gervais mourant, fouetté avec des cordes plombées, peint d'après une esquisse de Lesueur.

Jean-Baptiste Mola. *

Il naquit vers l'an 1620. Il fut en France disciple de Vouet, & en Italie de l'Albane. Il a peint le paysage, & a excellé à rendre le feuillage des arbres. Il entendoit très-bien la perspective, & rendoit les plus belles vues de la nature; les quatre plus beaux paysages qu'on connoisse de lui sont à Rome dans le palais du Duc Salviati. Il y a une fuite en Egypte dans la collection du Palais Royal.

Jean Christophe.

22. *La Multiplication des Pains, le petit de celui de Notre-Dame*; à M. Mauperin.

Cet Artiste vivoit au milieu du seizième siècle.

Charles Lebrun.

23. *Un Christ, au bas duquel sont la Vierge, la Magdelaine, S. Jean & Saint François*; à M. l'Abbé de St. Martin, *Conseiller au Châtelet.*

Ce peintre, l'un des plus fameux de cette Ecole est né à Paris en 1619, mourut en 1690. Dès sa plus tendre jeunesse, il avoit un goût déterminé pour le dessin; à douze ans il fit le portrait d'un de ses parents, & à quinze il peignit Hercule assomant les chevaux de Diomède, & le même héros en sacrificateur. Il dut les principaux progrès qu'il fit à la protection de M. le Chancelier Séguier, qui le fit entrer dans l'école de Vouet, & l'envoya ensuite à Rome. A son retour ses tableaux furent trouvés du plus grand mérite. Aussi le Brun se vit-il comblé de biens & d'honneurs : Louis XIV l'annoblit, le fit son premier peintre, chevalier de S. Michel, lui accorda des armes distinguées, & son portrait enrichi de diamants. Il eut ensuite la direction de tous les ouvrages qui se faisoient chez le Roi, & celle des Gobelins. Il seroit impossible de donner même une légère notice de ses chef-d'œuvres, le nombre en est trop considérable; tout le monde connoît les fameuses batailles d'Alexandre; la Madeleine penitente, qui est dans une des chapelles de l'Eglise des Carmélites du fauxbourg S. Jacques, Saint Etienne & S. André à Notre-Dame; les tableaux qui ornent le château de Sceaux, &c. C'est à son crédit que l'on doit, 1°. l'établissement de l'Académie Royale de Peinture, Sculpture, 2°. l'établissement d'une Académie à Rome pour les jeunes Artistes François. Ainsi les Arts lui doivent autant pour son zèle à concourir à leur perfection, que pour la beauté & la pénétration de son génie, & son attention à consulter les Savants. Ses compositions sont ingénieuses, ses expressions vives, son dessin correct, ses attitudes d'un beaux choix, ses draperies bien agencées, ses airs de tête gracieux ... Il a laissé sur la *physionomie* & les *caractères des passions*, deux traités très-curieux.

Quelques-uns croyent que Lesueur excita sa jalousie, & on ne l'apprend qu'avec peine. On aime cependant à voir que Lebrun s'étant retiré de l'Académie où il avoit éprouvé des désagréments, sacrifia ses ressentiments personnels toutes les fois qu'elle eut besoin de son crédit; cette Compagnie les lui fit enfin oublier, & il la dirigea jusqu'à sa mort.

Jacques Courtois, *surnommé* le Bourguignon. *

Il est né à S. Hypolite en Bourgogne l'an 1621, & mort à Rome en 1676, où sont la plupart de ses ouvrages. Il a peint presque toujours des batailles, & d'autres sujets militaires.

Pierre Puget.

24. *Un Dessin représentant une Marine*; à M. de Monfroy.

Ce peintre, né à Marseille, fut sculpteur & architecte. Il est mort en 1694, âgé de soixante-douze ans. Dès l'âge de seize, cet Artiste construisit une galère & en fit la sculpture. Son maitre *Roman* lui avoit confié cet ouvrage. Il fit le voyage d'Italie & s'attacha au Grand Duc de Florence. A l'âge de vingt-un ans il revint dans sa patrie, & fut regardé comme un Artiste du premier mérite. Il retourna en Italie par ordre du Ministre. Il y resta quinze ans, & y fit quelques tableaux pour les Eglises. Ce fut aussi dans ce temps qu'il exécuta pour le Duc de Mantoue un bas relief représentant l'Assomption, dont tous les connoisseurs font le plus grand éloge. Il revint enfin en France. Louis XIV, qui l'appelloit *l'inimitable*, lui donna la direction des sculptures des galères royales avec une pension de 3600 livres. Il y a à Versailles plusieurs beaux morceaux de sculpture de Puget; entr'autres le groupe de Milon, & celui d'Andromède. Il y a plusieurs beaux tableaux de lui, principalement en Provence, dans les Eglises d'Aix & de Marseille. Mais il s'est surpassé lui-même dans le bas-relief qui est à la salle des Antiques au Louvre; il représente Alexandre devant Diogènes.

Nicolas Loir.

25. *L'Amour qui vient se plaindre à Vénus, de s'être piqué le doigt parmi des roses*; à M. le Président de Vêvre.

Ce peintre né à Paris en 1624, y mourut en 1679. Il se forma sur la manière du Poussin, dont il a fait plusieurs copies qu'on prend pour les originaux. Son dessin est très-correct, ses figures variées, son coloris brillant. Il fut adjoint & recteur de l'Académie. Il a réussi également dans l'histoire, dans le paysage, dans l'architecture & dans l'ornement. On a de lui à Paris plusieurs tableaux très-estimés. On voit à Notre-Dame, S. Paul qui convertit à la foi le Proconsul Serge Paul; à S. Barthélémi, le mariage de Ste. Catherine, &c. &c. De Troy a été son élève.

Guillaume Courtois. *

Il fut frère de Jacques, naquit en 1628, & mourut en 1678 selon les uns, & selon les autres en 1679. Il fut disciple de *Pierre de Cortonne*, & peignit l'histoire avec succès. La plupart de ses ouvrages sont à Rome, où le Pape Alexandre VII le combla d'honneurs. Son frère le *Bourguignon* n'a pas nui à sa réputation.

Jacques Bailly. *

Ce Peintre en miniature, est né à Graçay en Berry en 1629, & mort à Paris en 1679. Il peignit les fruits, les fleurs & l'ornement, avec succès. On prétend qu'il avoit trouvé le moyen de rendre les couleurs pénétrantes dans le marbre, mais que la violence de la composition lui causa la mort.

Noël Coypel.

26. *Trajan recevant les placets des Romains*; à M. Travers, Miroitier.

Cet Artiste naquit à Paris en 1629, & mourut en 1707. Il apprit son art de Poncet, peintre d'Orléans, élève de Vouet. A quatorze ans il revint à Paris, & fut employé par Charles Evrard, chargé des ouvrages de peinture du Louvre ; depuis il a toujours travaillé pour le Roi, qui le nomma en 1672 directeur de son Académie à Rome. A son retour il fit plusieurs dessins pour les tapisseries des Gobelins, il fut nommé directeur de l'Académie de Paris avec mille écus de pension. Coypel peignoit l'histoire dans un ton noble & grand; il avoit un bon goût de dessin, soutenu d'un coloris agréable On voit de lui à Notre-Dame un excellent tableau représentant le martyre de S. Jacques ; dans l'Eglise de l'Assomption, un grand crucifix ; aux Invalides, le mystère de la Trinité & l'Assomption de la Vierge. Le palais de Rennes est orné de magnifiques morceaux de sa main.

Tacet.

27. *La Sainte Vierge, tenant sur ses genoux l'Enfant Jesus, qui donne sa bénédiction à S. Ignace.*

Ce peintre est né & mort à Langres, où sont presque tous ses ouvrages. Il fut contemporain de le Brun, qui l'amena en Italie, & ne put l'y retenir.

Louis Galloche. *

Né à Paris en 1670, il y est mort en 1761. Il fut élève de Louis Bollongne. Après s'être exercé à son école, il passa en Italie, où il se perfectionna. De retour à Paris il fit une Nativité pour le maître-autel des Capucins de Meudon, & la Translation du corps de S. Augustin pour le réfectoire des Petits Pères de la place des Victoires. Ce morceau est un chef-d'œuvre de cet Artiste. Il fit pour sa réception à l'Académie un tableau qui représente Hercule, qui rend Alceste à son époux Admete. Il en a été recteur & chancelier. Il y a encore de beaux tableaux de cet Artiste à Notre-Dame, à l'Eglise de la Charité, &c.

Robert Nanteuil *.

Peintre au pastel & Graveur, né à Reims en 1630, mort à Paris en 1678. Louis XIV. lui fit faire son portrait & ceux de la Reine-mère, du Dauphin & du Duc d'Orléans qu'il grava ensuite. Il fut Dessinateur & Graveur du Cabinet du Roi. On cite parmi ses chefs-d'œuvres les Portraits de Colbert, du Cardinal de Richelieu, du Président de Lamoignon, de la Mothe, le Vayer, &c. Ce fut lui qui obtint en 1660 l'Edit de Saint Jean de Luz en faveur de la gravure, qui lui confirme la liberté due aux Arts-libéraux, & fait connoître l'excellence de cet Art : il fut gendre d'Edelink.

Jacques Rousseau. *

Il est né à Paris en 1630, & mort à Londres en 1693. Il peignit avec succès l'architecture & la peinture. Louis XIV l'employa à peindre la salle des machines à Saint-Germain-en-Laye. Mylord Montaigu l'emmena à Londres avec Lafosse & Monnoyer, & il y a travaillé à l'embellissement de l'hôtel de ce Seigneur. On a aussi de *Rousseau* quelques paysages; il épousa la sœur d'Herman Suanefeld fameux paysagiste Flamand qui l'aida de ses conseils.

Jean-Baptiste Patel.

28. *Un Paysage avec figures* ; à M. Lebrun.

Il paroît qu'il y a eu deux frères *Patel*, celui-ci & *Bernard*, l'un & l'autre habiles paysagistes, & célèbres par le coloris. Ils rendoient leurs paysages intéressants par des morceaux d'architecture, &c. Jean-Baptiste a travaillé pour l'hôtel Lambert.

Mauperché.

29. *Un Paysage orné d'architecture & figures d'hommes* ; à M. Basan.

Cet Artiste, peu connu, fut contemporain de la Hire & de Patel. Sa manière tient de la leur, à s'y tromper.

Claude Lefevre. *

Cet Artiste, né à Fontainebleau, en 1635, fut disciple de le Sueur & de le Brun. Il excelloit dans les portraits. Il fut reçu de l'Académie sur celui de Colbert. Mais on vante sur-tout celui de la Duchesse de Bouillon. Il séjourna long-temps à Vénise, de-là vient, le sur-nom de *Vénitien* qu'on lui a donné. Son coloris est vrai, ses teintes fraiches & sa touche admirable. Il est mort à Londres âgé de quarante-deux ans.

Jean-Baptiste Monoyer, *dit* Batiste.

30. *Un tableau de fleurs*; à M. Mau prin.

Ce Peintre, né à Lille en 1635, mort à Londres en 1699, excelloit sur-tout dans la peinture des fleurs. Il fut reçu de l'Académie Royale de Peinture en 1663, & passa peu de temps après à Londres avec mylord Montaigu. Ses tableaux sont répandus, surtout dans les maisons royales.

Roger de Piles *.

Né à Clamecy dans le Nivernois, en 1635, il est mort à Paris en 1709. Il apprit le dessin de Frère Luc, Recollet, bon dessinateur. Il avoit une grande intelligence du clair obscur & du coloris, & imitoit parfaitement les objets qu'il vouloit représenter. Il peignoit le portrait : ceux de Dépréaux & de Mad. Dacier sont très-estimés.

Jean Forest.

31. *Un Paysage*; à M. Martin, Peintre du Roi.

Il naquit à Paris en 1636. Cet Artiste peignoit le paysage & y excelloit. Il fut reçu de l'Académie en 1674. Cet Artiste connoissoit admirablement l'effet des grands coups de lumiére & de l'opposition des tons. On admire en lui un style élevé, de beaux sites, des figures bien faites. Ses dessins sont aussi estimés que ses tableaux ; il est mort à Paris en 1712.

Sebastien Leclerc, *dit* des Gobelins.

32. *S. Pierre qui punit de mort le mensonge d'Ananie*; à M. Cornillon. *On en voit le grand tableau à Saint-Germain-des-Prés.*

Il fut ainsi surnommé à cause d'un logement que le Roi lui donna dans la manufacture des Gobelins, pour laquelle il travailla. Il étoit né à Paris en 1637, & il y est mort en 1714. Dès l'âge de huitans on admiroit ses talents pour le dessin. Il fut aussi habile graveur que bon peintre d'histoire. Le Pape Clément XI le fit Chevalier Romain. L'œuvre de le Clerc est des plus considérable, il monte à 3500 morceaux : tout le monde connoît entr'autres sa famille de Darius d'après le Brun. Ses compositions sont gracieuses, son dessin correct, & son imagination sage quoique très-brillante & très-vive.

François Verdier.

33. *Un paysage.*

Cet Artiste fut un éleve chéri de Lebrun. Il travailla aux plus beaux ouvrages de ce Maître, qui lui donna sa nièce en mariage. On voit de lui une gloire au-dessus du Maître-Autel de l'Eglise de Sorbonne.

Claude Audran.

34. *La Résurrection du Lazare*; à M. Mauperin.

Il étoit neveu du célèbre graveur du même nom; il naquit à Lyon en 1639, & mourut à Paris en 1684. Il peignoit avec succès l'histoire. Les tableaux du plafond de la salle de Mars au château de Versailles sont de lui. On voit à Notre-Dame de Paris la décolation de S. Jean ; aux Chartreux le miracle des cinq pains, &c. &c. Il y a eu un troisième Claude Audran né en 1658, & mort en 1734, fameux par ses belles peintures en arabesque.

Charles de la Fosse.

35. *Une Ste Famille.*

Il est né à Paris en 1640, & mort dans cette ville en 1716. Il étoit élève de le Brun. Il fit le voyage d'Italie, où il étudia principalement les chef-d'œuvres du Titien & de Paul Veronèse. On le vante pour la beauté de son coloris ; mais on lui reproche ses figures trop courtes. Outre l'histoire qu'il peignoit principalement, on a de lui quelques paysages. Il fut recteur de l'Académie : il a peint la coupole & les angles du dome des Invalides. Il y a de lui beaucoup d'ouvrages très-estimés. On a beaucoup gravé d'après la Fosse.

Antoine Dieu.

36. *S. François Xavier, prêchant la Religion dans les Indes* ; à M. Mauperin.

Eleve de Lebrun ; nous ignorons les époques sur ce maître ; il a vécu fort longtemps.

Beaujin, *dit* le Petit Guide. *

Ce peintre ne nous est connu que par ses ouvrages à Notre-Dame. On y admire surtout Zozyme donnant la Communion à Marie Egyptienne. Son surnom le caractérise.

Jean Jouvenet.

37. *Le petit tableau du superbe Plafond de la Chambre des Enquêtes du Parlement de Rouen, représentant la foi accompagnée de toutes les vertus, soutenue par la France, qui foudroye les vices* ; à M. de Joubert. 38. *Le Paralytique guéri, le petit de celui qui est à Notre-Dame* ; à M. le Duc de Charost.

Né en 1644. reçut les principes de son art de ses père & ayeul, & acquit une grande célébrité dans l'Ecole Françoise. Il vint de Rouen, lieu de sa naissance, à Paris, âgé de dix-sept-ans. A vingt-neuf il fit le fameux tableau représentant la guérison du paralytique, qui est à l'Eglise de Notre-dame. Son tableau de réception à l'Académie, représentant Esther devant Assuerus, est un des plus beaux de l'Académie, dont il a été directeur perpétuel. Il y a de lui plusieurs très-beaux ouvrages dans les Eglises de Paris ; les douze Apôtres, aux Invalides ; quatre morceaux à Saint Martin-des-Champs, un tableau appellé le *Magnificat*, à Notre-Dame : célèbre pour avoir été peint de la main gauche, après qu'une paralysie lui eut ôté l'usage de la droite. C'est de cette même main qu'il a peint le plafond dont il vient d'être question. Il est mort à Paris en 1717. Il ne vit point l'Italie. Cependant il se forma par la seule étude de la nature, un goût de dessin fier, correct & savant, il donnoit du mouvement à ses figures ; ses expressions sont vives, ses attitudes vraies, ses draperies bien jettées, ses figures heureusement contrastées. Il réussioit sur-tout dans les grandes machines.

Nicolas Colombel. *

Né à Sotteville près Rouen, il mourut à Paris en 1717, âgé de soixante-quinze ans. Il fut élève de le Sueur, fit le voyage de Rome, & y fut reçu de l'Académie de S. Luc. Il peignit l'histoire à la manière de Raphaël, & fut professeur de l'Académie. Ses principaux ouvrages à Paris sont aux Jacobins de la rue S. Honoré, un miracle de S. Hyacinthe, au château de Meudon ; Moyse trouvé sur les eaux ; les filles de Jéthro, &c. Il entendoit bien la perspective & l'architecture.

François de Troy.

39. *Un ex Voto* ; à M. Bachelier, *Peintre du Roi.*

Né à Toulouse en 1645, il est mort à Paris en 1730. Il fut élève de son père, & de Nicolas Loir pour l'histoire, qu'il a peinte avec succès, & de le Fevre pour le portrait, dans lequel il a excellé. Le coloris, l'intelligence & le beau fini de ses ouvrages, les rendent précieux. Il passa par toutes les charges de l'Académie Royale de Peinture. On voit de ses tableaux dans l'Eglise de Ste Geneviève, dans celle de S. Lazare, aux Grands Augustins, & à l'Hôtel-de-Ville de Paris. Ses dessins sont très-estimés.

Michel Corneille. *

Né à Paris en 1642, , & mort en 1708, i fut élève de Vouet. Il alla à Rome, & y étudia principalement la manière des Carraches. Il fut professeur de l'Académie Royale de Peinture. Il y a de lui plusieurs bons tableaux d'histoire dans différentes Eglises de Paris. On y remarque beaucoup de noblesse & d'agrément dans les airs de tête. Corneille a fait aux Invalides beaucoup de peintures à fresque; on a aussi de lui quelques paysages. *Michel Corneille* a eu un frère *Jean-Baptiste* qui s'est aussi distingué dans la peinture, & qui a été professeur de l'Académie. On voit de lui, à Notre-Dame, un tableau représentant S. Pierre délivré de prison par un Ange, qui est très-estimé.

Joseph Parrocel. *

Fils de Joseph, né à Brignoles en Provence en 1648, il mourut à Paris en 1704. Il vint d'abord en cette ville, d'où il passa en Italie, & s'y attacha à Bourguignon, qu'il égala dans l'art de peindre des batailles, & dont il surpassa le coloris. Il peignoit aussi le portrait & gravoit avec le plus grand succès. On voit de lui à Notre-Dame un S. Jean dans le désert, & plusieurs tableaux aux Invalides, à Versailles, &c. Il laissa son talent à *Charles* son fils aîné. Louis XIV lui avoit donné une pension & un logement aux Gobelins.

Elisabeth-Sophie Chéron. *

Elle naquit à Paris en 1648, & y est morte en 1711. Elle étoit fille de *Henri Cheron*. Elle excelloit dans la peinture, la gravure, la poésie & la musique. Elle a dessiné & gravé des pierres antiques; elle a peint en mignature, à l'huile & en émail, le portrait & l'histoire. Elle fut présentée par le Brun à l'Académie qui la reçut.

Bon Boullogne.

40. *Notre Seigneur guérissant les malades sur les bords de la Piscine*, le petit de celui qui est à Notre-Dame.

40 bis. *Moyse sauvé des eaux*; à M. l'Evêque de Senlis.

Fils & élève de Louis le précédent; il mourut en 1717, âgé de soixante-neuf ans. Après avoir travaillé cinq ans à Rome, il passa en Lombardie, y étudia les ouvrages du Correge & des Carraches, revint à Paris, & y fit plusieurs tableaux d'histoire, entr'autres les coupoles de S. Jérôme & de S. Ambroise à Fresque, aux Invalides, qui lui font beaucoup d'honneur. Il ne peignoit que rarement au jour, mais ordinairement à la lueur d'une lampe, pendue à son chapeau ou à son bonnet. On voit de lui à Paris, aux Chartreux, la résurrection de Lazare; le mariage de la Ste Vierge au dome de l'Assomption, &c. Il peignit si parfaitement dans la manière du Gnide, que Mignard y fut trompé; celui-ci s'excusa de sa méprise, en disant *qu'il n'avoit qu'à toujours faire des Guides & non des Boullognes*. Geneviève & Magdelaine Boullogne ses sœurs, se distinguèrent aussi par leurs talents dans la peinture, & furent de l'Académie.

Daniel Hallé.

41. *Une Sainte Famille*, à Mad. Hallé.

Né à Rouen, mourut à Paris en 1674. Il peignoit l'histoire avec beaucoup d'intelligence. On voit de lui à Paris plusieurs ouvrages très-estimés, entr'autres à Notre-Dame S. Jean devant la porte latine. Ses ouvrages tiennent souvent de l'Ecole d'Italie. Il eut pour fils Claude Hallé qui suit.

Claude-Guy Hallé.

42. *Moyse sauvé des Eaux*; à la même.

Il naquit à Paris en 1651. & y est mort en 1736, après avoir été directeur de l'Académie de Peinture. Il choisissoit heureusement les traits d'histoire qu'il vouloit représenter; ses compositions sont riches, ses dessins exacts, son coloris gracieux. Il a fait plusieurs tableaux très-estimés pour différentes Eglises de Paris. On en voit à Notre-Dame, à S. Jacques de la Boucherie, à S. Germain-des-Près, à S. André-des-Arcs. Il fut père de Noël Hallé.

Jean-Baptiste Santerre.

43. *Une Muse*, à M. Martin; *Peintre du Roi.*

Né à Magny en 1651, il est mort à Paris en 1717. Il a peint de petits sujets d'histoire, des têtes de fantaisie, & des demi figures. On loue l'agrément de son pinceau, la correction de son dessin, le brillant de ses teintes, & la fraîcheur de ses carnations. Son tableau de réception, représentant la chaste Susanne avec les deux vieillards, est un chef-d'œuvre. On regarde comme tel, *Adam & Eve*, qui appartenoit à M. de Gagny, & qui appartient à M. de Baujon.

Jean-Baptiste Blain-de-Fontenay.

44. *Des fleurs sur une table*; à M. Gallo.

Né à Caen en 1654, il peignoit les fleurs & les fruits avec beaucoup de génie. La vérité, le brillant du coloris, la variété & l'esprit de ses compositions se font admirer dans ses ouvrages. Louis XIV l'a beaucoup employé, & lui a donné une pension & un logement aux galeries du Louvre. Il a travaillé aux Gobelins, & est mort à Paris en 1715.

Louis Boullongne.

45. *Le Centenier aux pieds de Notre Seigneur, le petit de celui qui est à Notre-Dame.*

Frère cadet de Bon Boullogne; il naquit à Paris en 1654, fut directeur de l'Académie & mourut en 1733. Louis XIV l'employa beaucoup pour décorer ses palais, l'Eglise des Invalides, & la Chapelle de Versailles. Il lui accorda des pensions & le cordon de S. Michel, le fit son premier peintre, & lui donna des lettres de noblesse. On voit de lui, dans la Métropole de Paris, la fuite en Egypte, la présentation au Temple, &c. Il fut père de M. de Boullogne, Contrôleur-Général des Finances.

Nicolas de Largilliere.

46. *Louis XIV. avec le Grand Dauphin; le Duc de Bourgogne & le Duc de Bretagne enfant amené par Mde. la Duchesse* de Vantadour. *On voit les bustes d'Henri IV & de Louis XIII; la scene est dans la Galerie de Versailles*; à M. de Mirbeck, Avocat au Conseil.

46 *bis. Tableau allégorique, & faisant portrait*, à M. Martin, *Peintre du Roi.*

Cet Artiste né à Paris en 1656, & mort en 1746, est connu en différents genres de peinture, mais sur-tout dans celui du portrait. Il resta quelque temps en Angleterre, où il eut un succès étonnant. L'amour de la patrie le ramena en France. Le Roi prenoit plaisir à le voir travailler. L'Académie le reçut comme peintre d'histoire. A l'avènement de Jacques II au trône d'Angleterre, Largilliere fut mandé pour faire le portrait du Roi & de la Reine, dans lesquels il se surpassa. La touche de Largilliere est savante, libre & légère, sa composition riche & ingénieuse. Il donnoit une ressemblance parfaite; ses mains sont admirables, & ses draperies d'un grand goût.

Joseph Vivien.

47. *Son Portrait au pastel, par lui-même.* 48. *Le portrait de l'Electeur de Baviere, à l'huile, &c.* à M. Nelson.

Né à Lyon en 1657, mort à Bonn en 1735; il fut élève de Charles le Brun, &

premier peintre de l'Electeur de Bavière ; dont il a fait le portrait, qui a été gravé par Audran. Il peignoit sur-tout au pastel, & a peint de cette manière des portraits en pied. Il est le premier qui ait employé ce genre de peinture, sur-tout dans des portraits grands comme nature, où l'on admire le coloris le plus vigoureux. On a de lui quelques tableaux d'histoire. Le Roi lui donna un logement au Louvre. En comparant dans le temps, ses ouvrages à ceux du célèbre M. de la Tour, on fit en l'honneur de ce dernier les vers suivants :

Chéri des héros & des belles,
De la Tour, tes touches fidèles
Les reproduisent traits pour traits ;
Et par une aimable imposture
Tu séduis même la nature,
Qui s'admire dans tes portraits.

Philippe Meunier. *

Né à Paris en 1655, mort en 1734. Cet Artiste excelloit à peindre l'architecture : il fut choisi pour représenter l'architecture de la chapelle de Versailles. Le Duc d'Orléans l'employa à décorer la célèbre galerie des Coypel au Palais Royal. Le château de Marly est aussi orné de ses ouvrages. Il entendit parfaitement la perspective & les décorations de fêtes.

Jean-Baptiste Martin *dit* des Batailles. *

Il est né à Paris en 1659, & mort en 1735. Il apprit à dessiner sous la Hire. Envoyé sous le Maréchal de Vauban, comme ingénieur, il gagna l'estime de ce grand homme, qui le plaça chez Vander Meulen, peintre de batailles. Bientôt il fit des progrès étonnants. Louis XIV le choisit pour peindre plusieurs de ses conquêtes. On voit dans le château de Lunéville dix-huit ou vingt tableaux de Martin, représentant les belles actions de Charles V.

Louis Cheron. *

Fils d'*Henri Cheron*, peintre en émail, & frère d'*Elisabeth Sophie*, il naquit à Paris en 1660, & est mort à Londres en 1723. Il étudia en Italie la manière de Raphaël & de Jules Romain ; il a peu travaillé en France ; on a cependant de lui, entr'autres ouvrages, à Notre-Dame, un tableau qui représente la fille d'Hérodias, qui porte dans un bassin la tête de S. Jean-Baptiste à son père.

François Desportes.

49. *Deux tableaux representant des fruits*, à M. Sylvestre, Chevalier de l'Ordre du Roi. 50. *Deux esquisses de Chiens de Chasse, exécutées à* Choisy, à M. Desportes, *Peintre du Roi.*

Champenois, il naquit en 1661, & mourut à Paris en 1743. Il excelloit dans l'art de peindre les animaux, les fruits, les paysages, les fleurs, le portrait ; par-tout il mettoit la plus grande vérité. Il règne dans ses tableaux une fécondité, un choix & un goût admirables. On voit beaucoup de ses tableaux dans toutes les maisons royales. Il a aussi fait plusieurs portraits en Pologne & en Angleterre. Ses dessins faits aux trois crayons sont fort estimés.

Antoine Coypel, *premier Peintre du Roi.* *

Fils & élève de Noël, il naquit à Paris en 1661, & y mourut en 1722. Il étudia à Rome les grands modèles, & sut mettre ses études à profit ; il a peint l'histoire avec le plus grand succès, il est remarquable par un caractère mâle, juste & élevé. Son coloris est des plus beaux, & ses figures vives, animées, & bien caractérisées. Il a fait à Paris beaucoup de tableaux de chevalet. Il a peint la voute de la chapelle de Versailles, la fameuse galerie du Palais Royal où est l'histoire d'Enée, &c. &c. En 1714 il fut élu directeur de l'Academie de Paris, & en 1715 premier peintre du Roi, qui lui accorda des lettres de noblesse.

Hyacinte Rigaud.

51. *Un Portrait d'Abbé*; à M. Mauperin.

Cet Artiste naquit à Perpignan en 1659. Il a été, & il est encore, très-renommé. Il vint ne 1681 à Paris; il y a fait quelques tableaux d'histoire dans le style flamand. Il a été comblé de gloire & d'honneurs. Sa ville natale, suivant le privilège qu'elle a de donner tous les ans le titre de nobles à deux de ses concitoyens, le déclara *noble*, &Louis XIV & Louis XV confirmèrent cette distinction. L'Academie le choisit pour professeur, recteur & directeur. Ces portraits, outre l'excellence de la peinture, & le fini des draperies, ont le mérite des ressemblances. On cite sur-tout celui de Bossuet, qui a été gravé par Drevet. Parmi ses tableaux d'histoire, on vante sur-tout la Présentation de Jésus au Temple; S. Pierre & S. Paul aux Jacobins de la rue Saint-Honoré. Rigaud mourut à Paris en 1743; ses couleurs & ses teintes sont d'une vivacité & d'une fraîcheur admirables, ses mains d'une beauté au-delà de toute expression.

Louis Vanloo. *

Cet Artiste, issu d'une famille Flamande & noble, troisième du nom dans la peinture, vivoit en 1664, fut le second enFrance où son père s'étoit fait naturaliser, & fut reçu à l'Académie. Cet Artiste passa pour un grand dessinateur & fut fort distingué par ses ouvrages à fresque. On voit de lui un Saint François dans la Chapelle des Pénitents-Gris de Toulon. Il fut père de Jean-Baptiste & de Carles Vanloo.

J. G. Imbert. *

Cet Artiste, né à Marseilleen 1654, mort en 1749, fut élève de Vander-Meulen & de Lebrun. A l'âge de trente-quatre ans il se fit Chartreux. On admire entr'autres de ses ouvrages les tableaux qu'il a peint pour la Chartreuse de Villeneuve-les-Avignon. Mais son chef-d'œuvre est un tableau d'une grandeur extraordinaire, représentant le Calvaire, qui est au maître-Autel de la Chartreuse de Marseille. On y voit un bon goût, un coloris vigoureux, & beaucoup d'intelligence.

Antoine Rivaltz. *

Il est mort à Toulouse en 1735, âgé de 68 ans. Il passa jeune en Italie, & y remporta le premier prix de l'Académie de S. Luc. Le Cardinal Albani, depuis Pape sous le nom de Clément XI, le couronna. Il ne vint que peu de temps à Paris. Il fut appellé dans sa patrie, où l'on voit plusieurs de ses ouvrages. Il inventoit avec facilité; dessinoit correctement. Les Capitouls de Toulouse, établirent pour ses élèves, une Ecole de modèle, & cette Ecole est à présent l'Académie Royale de Peinture.

Nicolas Bertin.

52. *Pan & Syrene*, à M. Audinet.

Il naquit à Paris en 1667, & y mourut en 1736, il eut pour maîtres Jouvenet & Bon-Boul ongne. Dès sa jeunesse il promit beaucoup; à dix-huit ans, il remporta le premier prix de peinture. Il fit le voyage de Rome, y fut admiré pour ses progrès rapides, & revint à Paris où il composa plusieurs petits tableaux. On a cependant de lui de grands sujets d'histoire bien traités; tels sont ceux qu'on voit dans la Maison Royale de Meudon; les tableaux qui sont à Paris dans l'Eglise de S. Leu, l'Abbaye de S. Germain-des-Près, &c. Sa manière est en même-temps forte, agréable & finie.

Claude Gillot. *

Né à Langres en 1673, il est mort à Paris en 1722. Il fut élève de Jean-Baptiste Corneille, & fut à son tour maître de Watteau. Gillot réussissoit parfaitement à peindre des faunes, des satyres, &c. Il y a dans ses ouvrages beaucoup d'esprit & de finesse, & une grande correction de dessin. Il fut reçu à l'Académie en 1715. Il s'adonna aussi à la gravure.

Ranc. *

Il naquit à Montpellier en 1674, & mourut à Madrid en 1735. Elève de Rigaud, dont il devint neveu, il se montra digne de tous ces titres, par des talents distingués pour le portrait. Il fut fait premier peintre du Roi d'Espagne.

Louis Silvestre.

53. *La Cène, esquisse du grand tableau, exécuté à Versailles à l'age de quatre-vingt-ans*, à M. Silvestre, Chevalier de l'Ordre du Roi, son petit neveu.

Né à Paris en 1675 d'Israël Sylvestre, dessinateur & graveur du Roi, il est mort en 1760, regardé comme un des meilleurs dessinateurs qu'il y ait eu. Il fut élève de le Brun & de Bon Boullongne. A son retour de Rome il fut reçu à l'Académie, sur un tableau représentant la création du monde. En 1727, il fut appellé à Dresde par le Roi de Pologne, Electeur de Saxe, qui lui donna des lettres de noblesse. Après un séjour de vingt-quatre ans il revint à Paris, & fut directeur de l'Académie Royale. On a de lui plusieurs beaux tableaux d'histoire dans le réfectoire de S. Martin-des-Champs; l'Evangéliste S. Mathieu à S. Roch; S. Pierre & S. Jean à Notre Dame. Il avoit un pinceau ferme & une couleur vraie.

Robert Tournières.*

Né à Caen en 1676; il est mort dans la même Ville en 1752. Il peignoit le portrait, & l'histoire en petit, dans le goût de Schalken ou de Gérard Dow. On a de lui une Susanne, un S. Etienne, la Famille du Chancellier de Pontchartrain. On le regarde comme l'Artiste de l'école qui peut tenir lieu des Flamands pour les objets de nuit. Il étoit élève de Frère Luc de Hollande.

P. J. Cazes,

54. *Pyrame & Tisbé*, à M. Mauperin.

Il est né à Paris, où il mourut en 1754, âgé de 78 ans. Il fut élève de Bon-Boullongne. Sa manière est facile; il drapoit parfaitement bien; il a représenté à l'Abbaye Saint-Germain la vie du patron de l'Eglise. On voit aussi à Notre-Dame & à la Charité différents morceaux de ce peintre. Les célèbres Lemoine & Chardin ont été ses élèves, outre ses deux fils.

Jean-François de Troy.

55. *Un Paysage avec Figures*, à M. de Joubert.

Cet Artiste né à Paris, & mort à Rome, âgé de 76 ans, étoit fils de *François de Troy*. Ses ouvrages sont vantés pour la correction du dessin, un coloris agréable, & un faire très facile. On a fait d'après lui, aux Gobelins, de belles tapisseries qui représentent l'histoire d'Esther, & celle de Médée & de Jason. Il a été directeur de l'Académie de Peinture de Paris, & de celle de Rome, & décoré du cordon de S. Michel. On admire ses tableaux qui sont dans l'Eglise de Ste Geneviève, aux Grands Augustins, à l'Hôtel-de-Ville; & son morceau de réception, Niobé transformée en rocher.

Jean Raoux.

56. *Agar dans le Desert*, à M. le Marquis de Cossé.

56 *bis. Des Vestales dans l'intérieur d'un Temple.*

Né à Montpellier en 1677, il mourut à Paris en 1734; il fut élève de Bon-Boullongne. Il fit un long séjour en Italie, laissa plusieurs de ses ouvrages à Venise, & revint à Paris où, en 1717, il fut reçu à l'Académie Royale. Il a peint l'histoire & le portrait: & ses ouvrages se font remarquer par le pinceau le plus gracieux. Le trait suivant fera connoître son caractére: on a d'ailleurs rendu à ses talents toute la justice qu'ils méritoient.

Ayant été chargé de repréſenter **Télémaque arrivant dans l'iſle de Calypſo, pour M.** le Régent, pénétré de ſon ſujet, il vit dans une Egliſe une jeune perſonne d'une grande beauté, ſuivie de ſa mère, & toutes deux aſſez mal vêtues..... Après quelques généroſités, qu'il crut devoir leur faire en qualité de peintre, elles conſentirent à ſe rendre chez lui; & la tête de cette jeune perſonne fut ſon modèle pour celle d'Eucharis.

Jacques Autreau.

57. *Un tableau repréſentant Fontenelle, Lamothe & Saurin diſputant ſur un ouvrage d'eſprit*, à M. Gallot.

Il eſt né à Paris & mort dans la même Ville en 1745, âgé de quatre-vingt-neuf ans, Poëte par goût, diſent les Hiſtoriens, Peintre par néceſſité; ſon caractère ſingulier le rendit fort indifférent aux ſuccès que lui acquirent ſes ouvrages dramatiques & pittoreſques. Parmi les tableaux eſtimés de cet Artiſte, on a diſtingué celui qui eſt annoncé ci-deſſus, & ſon Allégorie, où il repréſente Diogène arrêtant ſa lanterne ſur le Cardinal de Fleury.

Jean-Baptiſte Oudry.

58. *Un Chien Caniche ſe jettant ſur un canard prêt à ſe mettre à la nage.* 59. *Une grappe de raiſin d'Italie, & un chien épagneul de bout*; à M. de Savalette de Lange.

Il naquit à Paris en 1686, & y mourut en 1755. Il peignit portrait, hiſtoire, fruits, fleurs, animaux, payſages. On voit de lui deux beaux tableaux; l'un dans le chœur de l'Egliſe de S. Leu, l'autre dans la ſalle du chapitre de S. Martin-des-Champs: mais il eſt ſupérieur dans le genre des animaux.

Chavanne. *

Payſagiſte; il fut employé pour les ouvrages des Gobelins. Il a fait pluſieurs deſſins de portes & de glaces; ſes ouvrages ſont très-recherchés & comparés à ceux des meilleurs maîtres.

Antoine Watteau.

60. *Une Fête dans un jardin*, à M. Lebrun; 61 & 62. *Un Danſeur & un Joueur de guittare.*, à M. Godefroy.

Né à Valenciennes en 1684, il eſt mort à Nogent près Paris en 1721. Il fut reçu de l'Académie ſous le titre de *Peintre de fêtes galantes.* Il étoit elève de Gillot, qu'il ſurpaſſa, & de Claude Audran.... On regrette qu'il ne ſe ſoit pas donné à l'hiſtoire. On remarque dans tous ſes tableaux beaucoup de vérité, de mouvement dans les figures, un deſſin correct, un coloris qui ne le cédoit à aucun peintre. Les payſages qui ornent les fonds de ſes tableaux ſont très-eſtimés. Le château de la Muette, près Paris, en conſerve de très-beaux. On peut juger de ſon ardeur au travail par la multitude de tableaux qu'il a fait. Ce qui a ſans doute avancé ſes jours, ſans faire ſa fortune. Le Curé du village qui l'exhortoit à la mort lui préſenta, ſelon l'uſage, un crucifix. Watteau, qui le trouva très-mal ſculpté, le pria de le retirer, en lui diſant, *ôtez-moi ce crucifix, il me fait pitié, eſt-il poſſible qu'on ait ſi mal accommodé mon Maître?* C'étoit pouſſer un peu loin l'amour de ſon Art. Ce Curé, qui avoit un beau viſage, & que le peintre connoiſſoit depuis long-temps, avoit ſouvent été employé dans ſes ouvrages; le perſonnage de Gilles qu'il y repréſentoit étoit peu noble: Watteau lui en fit publiquement de grandes excuſes.

Il eut pour élèves Pater & Lancret, qui, quoique inférieurs dans le même genre, ont pourtant de la célébrité.

Jean Revel. *

Ce peintre, fils de Gabriel Revel, peintre du Roi, naquit à Paris en 1684, & mourut à Lyon en 1751. Il fit quelques portraits & quelques tableaux d'hiſtoire, mais il a fur-tout excellé dans les deffins qu'il a fait pour les fabriques de Lyon. C'eft à lui qu'on eft redevable des points rentrés pour nuer les couleurs, & de la manière de placer les ombres toutes d'un feul côté dans les étoffes, ce qui en fait de vrais tableaux.

Jean-Baptifte Vanloo.

63. Diane & Endimion, à M. le Comte de Coffé.

Il naquit à Aix en Provence en 1684, & y mourut en 1745. Il peignit l'hiftoire & le portrait dans un ftyle élégant, noble & gracieux. On admire la correction de fon deffin & la beauté de fon coloris. Ses principaux ouvrages font à l'Abbaye de S. Germain-des-Prés, de S. Martin-des-Champs, &c. Le portrait du Roi & de la Reine fon époufe, &c. font très-eftimés. Il étoit fils de Louis Vanloo. Il eut pour élèves Charles Vanloo fon frère, & fes deux fils, Louis Michel, & Amédée Philippe.

Charles Nattier.

64. Portrait de Mme. de Caumartin en Diane. 65. Portrait de Mme. de la Porte fa Fille, en Hébé, à M. de Caumartin, Prévôt des Marchands.

Il a été reçu à l'Académie comme peintre d'hiftoire, mais il eft plus connu par fes portraits, fur-tout par ceux de femmes, qu'il ajuftoit avec beaucoup de graces. Il étoit né à Paris en 1685, il y eft mort en 1766. Le portrait de Mademoifelle de Clermont & celui du Maréchal de Saxe, paffent pour fes chefs-d'œuvres.

Jean-Baptifte Maffé. *

Cet Artifte eft né à Paris en 1687, & y eft mort en 1767. Le genre dans lequel il s'eft le plus diftingué eft la miniature. Le receuil d'eftampes, repréfentant la grande galerie de Verfailles & les deux fallons qui l'accompagnent, a été gravé fur le deffin de Maffé. Il fut honoré du brevet de peintre du Roi.

François Lemoine.

66. Un Plafond repréfentant l'Apothéofe de la Sainte Vierge, à M. le Brun.
67. Artémife buvant les cendres de fon époux, à M. le Marquis d'Arcambale.

Né à Paris en 1688, il eft mort en 1737. Dès fon enfance il marqua le goût le plus décidé pour la peinture. Il ne paffa qu'une année en Italie, mais il s'y appliqua avec affiduité à l'étude des grands modèles. Après fon retour il peignit la coupole de la chapelle de la Vierge à S. Sulpice. On voit encore de fes ouvrages à S. Roch, à l'Eglife de l'Affomption, à S. Germain-des Près, à S. Euftache, à S. Martin-des-Champs, mais le morceau qui lui a fait le plus d'honneur, eft le plafond du grand fallon de Verfailles, où il a repréfenté l'apothéofe d'Hercule, peut-être le plus beau qui foit connu; il fit dire au Cardinal de Fleury ces mots remarquables, qui contraftent bien avec la fin malheureufe de cet Artifte : *j'ai toujours penfé que ce morceau gâteroit tout Verfailles.* Ce Maître diftingué par une belle couleur, une facilité merveilleufe de peindre, & la richeffe de fes compofitions, fait le plus grand honneur à l'Ecole.

Charles Parrocel.

68. Une Bataille; 69. une Marche, à M. Martin, *Peintre du Roi.*

Fils aîné de Jofeph Parrocel; il naquit à Paris en 1688 & y mourut en 1753. Il excelloit fur-tout à peindre des batailles, & fon génie fe retrouve dans fes tableaux repréfentant les conquêtes de Louis XIV; Ils ont été exécutés en tapifferies aux Gobelins.

Il y a encore eu trois Artiftes de ce nom, dont le premier, peintre de batailles, & le fecond, peintre d'hiftoire, élève de Carle Maratte, qui a peint une galerie à l'hôtel de Noailles, à S. Germain; & le troifième, mort depuis peu, agréé de l'Académie, étoit peintre d'hiftoire. On voit de lui, à S. Sulpice, le baptême de notre Seigneur.

Nicolas Lancret.

70. *Une escarpolette dans un jardin, & une danse*, à M. Dupré de Coupry.

Né à Paris en 1690, il est mort dans la même ville en 1745. Elève de Gillot, il a suivi la manière de Watteau : son coloris est loué, mais il n'avoit ni la finesse du pinceau de ce Maître, ni sa délicatesse. On dit que ses plus beaux ouvrages sont au château d'Ivri-sur-Seine, proche Paris.

Claude Vignon.

71. *Le Roi David pinçant de la harpe*, à M. le Comte de Bissi.

Né à Tours vers 1590, il suivit la manière de Michel-Ange de Caraccio. Il fut fort occupé, parce qu'il concevoit & travailloit facilement. On voit de ses ouvrages à Notre-Dame, dans la Chap. Ste Anne. Il eut un fils Peintre dont on voit des ouvrages à Notre-Dame.

Noel-Nicolas Coypel.

72. *La fuite en Egypte*, à M. Mauperin.

Né à Paris en 1692, mort en 1735, cet Artiste étoit fils de *Noël*, & frère d'*Antoine Coypel*. Il a peint l'histoire avec beaucoup de succès. Il fut choisi pour décorer la chapelle de la Vierge dans l'Eglise S. Sauveur. On y admire la grandeur de la composition, la fraîcheur du coloris, & l'art du clair obscur ; enfin l'artifice du plafond, qui paroît être en plein ceintre. Ce plafond & le triomphe d'Amphytrite, que cet Artiste fit pour le concours de 1727, passent pour ses chef-d'œuvres. Il mettoit beaucoup de correction & d'élégance dans son dessin ; un pinceau moëlleux & frais, une touche spirituelle, des airs de tête gracieux, des compositions riches & piquantes, caractérisent ses ouvrages.

Jean Restout II.

73. *Les adieux d'Hector à Andromaque*, à M. Restout, son fils, *Peintre du Roi.*

Cet Artiste, second peintre du nom, fils & élève du premier, naquit à Rouen en 1692, & y est mort en 1768. L'ascendant de son génie lui faisoit dessiner dès sa jeunesse ce qui s'offroit à sa vue : une éducation fort négligée l'auroit enlevé aux Arts, sans les soins de Jouvenet son oncle. Il réussit également dans les grands tableaux & dans ceux dits de chevalets. Ses ouvrages sont remarquables par une grande intelligence de la perspective, une composition mâle, une touche large, moëlleuse, ferme ; une couleur fine & vigoureuse. On distingue entr'autres le baptême de S. Paul à S. Thomas du Louvre, la coupole de la bibliothèque de Ste Geneviève. Ses élèves ont été MM. Restout son fils, & Monnet, peintres du Roi.

Carles Vanloo, *premier Peintre du Roi.*

74. *Allégorie sur la maladie de Mde. de Pompadour*, à M. Legros.

Frère de Jean-Baptiste, il naquit à Aix en Provence, & mourut à Paris en 1765, il fut comblé de tous les honneurs dûs aux arts & à son nom. Il a peint l'histoire avec beaucoup d'énergie ; on admire la beauté de son coloris, & la facilité de son pinceau. On a aussi de lui quelques portraits ; le chœur des Augustins, Place des Victoires, est orné de sept chef-d'œuvres de ce maître.

Charles Coypel, *Premier Peintre du Roi.* *

Fils d'Antoine, né à Paris en 1694, mort en 1752 ; il fut également recommandable par ses talents en peinture, & ses connoissances en littérature : les uns & les autres réunis à un sentiment délicat, se retrouvent dans ses ouvrages, où l'on admire une touche facile & un coloris brillant. C'est à lui que l'Académie a l'obligation d'avoir le Roi pour protecteur immédiat &c. On voit de ses ouvrages dans l'appartement de la Reine à Versailles ; & à Paris dans les Eglises de S. Germain-l'Auxerrois, S. Merry, &c.

Jean-Baptiste Pater.

75. *Une danse, dans un jardin orné d'Architecture*, à M. Dupré de Coupry.

Né à Valenciennes en 1695, mort à Paris en 1736, il fut disciple de Watteau; mais, négligé par son maître, il fut obligé de travailler seul. Il étoit né avec le coloris naturel aux Flamands, mais il ne s'attacha pas assez au dessin; de-là vient souvent que les grouppes de figures qu'on voit dans ses paysages, sont mal ordonnés. Il fut de l'Académie.

Louis Tocqué.

76. *Une tête d'homme*, à M. Bachelier, *Peintre du Roi.*

Né à Paris en 1696, & mort en 1772, fils d'un peintre de portrait assez médiocre, il fut élève de Natier, & fit des copies des têtes des plus grands maîtres si parfaitement, qu'on les distingue à peine des originaux. Il eut bien de la peine à se livrer au travail, emporté par une bouillante jeunesse. Mais le besoin que ses frères & sœurs eurent de ses sécours, l'y fixa. Il a été un des meilleurs peintres de son temps. Son dessin étoit de bon goût, sa couleur pleine d'intelligence & d'harmonie, sa touche agréable & spirituelle, ses draperies disposées avec grace; ontre la ressemblance, il tâchoit encore de saisir les airs de tête. Il a joui, tant en France que dans les pays étrangers, d'une considération personnelle, qui fait autant d'honneur à ses talents qu'à son caractère. Il fut de l'Académie.

Louis-Michel Vanloo, *premier Peintre du Roi d'Espagne.*

77. *Portrait d'un jeune Espagnol*, à M. le Prince de Montbarey.

Cet Artiste distingué étoit frère de M. Amedée Vanloo, Peintre du Roi. Ses ouvrages sont particulièrement en Espagne.

Simon Chardin.

78. *Des joueurs de Cartes*, 79. *Des joueurs de dez*, à M. de Merval, *Receveur des Décimes à Rouen.* 80. *Des ustensiles de ménage, avec de la viande*, à M. de Peters, *Peintre.*

Il est mort à Paris le 6 Décembre 1779, âgé de 78 ans. Ce peintre célèbre étoit né avec la passion de son Art : pendant cinquante-un ans il n'a laissé passer aucun salon sans y exposer de ses ouvrages; l'année même de sa mort il y a eu un jacquet. Une grande Princesse en témoigna sa satisfaction à l'Artiste par une boëte d'or que M. le Comte d'Affry, protecteur éclairé des Arts, lui présenta de sa part. Il a laissé beaucoup de tableaux, principalement recommandables par leur coloris.

Pierre Subleyras.

81. *Uranie*, à M. Godeffroy de Villetaneuse.

Né à Usèz en 1699, mort à Rome en 1749, cet Artiste apprit les éléments de la peinture, d'Antoine Rivalz. Il vint à Paris à l'âge de quinze ans, y remporta le premier prix, & alla en conséquence en 1728 à Rome. Il s'y fit une brillante réputation comme peintre de portraits. Il fut reçu de l'Académie de S. Luc & de celle des Arcades. Ses tableaux d'histoire sont très-estimés, tant à cause du bon ton de couleur, & de la délicatesse du pinceau, que pour la beauté de l'ordonnance.

Hubert Drouais. *

Cet Artiste, né à la Roque près le Ponteau-de-Mer en 1699, est mort à Paris en 1767. Il a été disciple de de Troy, & a puisé dans les leçons de ce grand maître les talents qu'il a manifestés dans la suite. Le nombre de portraits en pastel qu'il a peint, est très-grand : on admire entr'autres ceux des demoiselles Pellissier, Gaussin & Camargo. Il y en a aussi quelques uns à l'huile en petit. Ce genre lui donna l'idée d'en faire en miniature ; & ce qui l'a fait le plus admirer, c'est sa couleur fraîche & brillante, & qui n'a rien perdu de son éclat. Il a laissé un fils héritier de ses talents, & qui fut de l'Académie. Il est mort en 1775.

Jean Grimoux.

82. *Un jeune Pélérin*, à M. Lorthior.

Mort vers le milieu du siècle; il a excellé dans le portrait : ses tableaux sont d'un coloris suave, moëlleux & piquant. Il chercha les effets de la manière de Rembrand, mais la bizarrerie de son caractère s'opposa à ses succès.

Charles Natoire.

83. *Diane au Bain changeant Action en Cerf*, à M. Godefroy.

83 *bis. Une Madeleine*, à M. de Joubert.

Né à Nismes en 1700, il est mort à Rome vers 1775, directeur de l'Académie de France. Il passa pour un grand dessinateur; entr'autres ouvrages de lui, on cite une Nativité au maître-autel de la chapelle des Enfants Trouvés, près Notre-Dame, & les vendeurs chassés du Temple, à S. Sulpice, &c. Il fut de l'Académie.

Dumont le Romain.

84. *Son Portrait par lui-même*, à M. de Wailly, *Architecte du Roi*.

Emporté par la fougue de sa passion pour la peinture, il fut à Rome à pied & sans argent, dans un âge où il ne pouvoit pas encore profiter des beautés qui s'offrent dans cette Capitale. Son zèle & son activité vainquirent néanmoins tous les obstacles, & le ramenèrent avec des talents qui lui valurent en 1728 son admission à l'Académie Royale. On voit au Château de la Muette quatre beaux dessus de porte de sa main, qui représentent l'abondance, la paix, la victoire & la générosité; un de ses beaux ouvrages autre est dans le cœur des Chartreux. Dumont est mort à l'âge de quatre-vingt-un ans, vers l'année 1781, ayant peu travaillé.

Lenain.

85. *Une famille de Paysans près du seuil de leur porte*, à M. le Président de Vêvres.

On ne sait rien de la vie & des ouvrages de cet Artiste, qui ne fut pas goûté de son vivant, & mourut dans la misère. On trouve à présent dans ses ouvrages beaucoup de vérité, ce qui est le plus grand mérite de son genre.

Michel Boyer. *

Né au Puy-en-Velay en 1701, très-habile peintre en Architecture & en perspective. On voit de cet Artiste une perspective au bout de la galerie de l'Hôtel du premier Président, à Paris.

Jacques-André-Joseph Aved.

86. *Son portrait par lui-même*, à M. son fils, *Lieutenant-Général du Bailliage de l'Arsenal.*

Né à Douai en 1702; il est mort à Paris en 1766. Il paroissoit appellé à la profession des armes; mais le célèbre Picart cultiva ses dispositions pour les Arts, à Amsterdam où se fit son éducation. Il profita sur-tout depuis des leçons de M. Bel. Il s'est rendu célèbre dans le portrait : on distingue particulièrement celui de l'Ambassadeur Turc, placé à Choisy, & celui de feu le Maréchal de Clermont Tonnerre : Son principal mérite consiste dans la naïveté de l'imitation, le bel empatement & la vérité du coloris.

Delacroix.

87. *Une Marine avec brume*, à M. le Chevalier de Chatillon.

Artiste, né à Marseille au commencement du siècle, avoit d'abord été destiné à l'Horlogerie, mais il ne put résister à la passion dominante qu'il avoit pour la peinture. La vue des chefs-d'œuvres de M. Vernet décida son choix. Il se fit honneur d'être son éleve, & on ne peut mieux le louer qu'en l'accusant de lui trop ressembler. Cependant c'étoit chez lui un vrai talent. On a beaucoup gravé d'après ses tableaux.

Dandré Bardon. *

Né en 1700, mort cette année ; cet Artiste a peu travaillé. On voit de lui un tableau de grande composition à l'Eglise du Couvent des Filles S. Thomas, rue de Sève à Paris. Il étoit élève de M. de Troy. Il est connu non-seulement comme Artiste, mais encore cemme homme de Lettres & Amateur de Musique, ayant composé dans l'une & les autres.

Pierre-Charles Trémolliere. *

Né en 1703, mort à Paris en 1739; i étoit Poitevin ; il eut Jean-Baptiste Vanloo pour maître. Ayant remporté plusieurs prix, il partit pour Rome & y resta six années. Il est mort jeune, & par conséquent il a laissé peu d'ouvrages. On voit par ceux qu'il a fait à Lyon, & par ceux qui sont aux Chartreux & à l'hôtel de Soubise à Paris, ce qu'on devoit attendre de lui s'il eût vecu. Son style est noble en même-temps qu'élégant. Un beau choix caractérise ses études, & à tous ces avantages il joignoit une couleur très-aimable.

François Boucher, *Premier Peintre du Roi.*

88. *Jupiter qui prend la figure de Diane pour tromper callysto*, à M. Brichard, *Notaire;* 89. *Les Pélérins d'Emmaus*, tableau de son meilleur temps, à M. de Saint-Aubin, *Dessinateur & Graveur du Roi*

Cet Artiste, né à Paris en 1704, y mourut en 1770. Il fut élève de Lemoine. Tenant de la nature une grande facilité de peindre ; il a laissé une multitude d'ouvrages, qui ont particulièrement le mérite de plaire. Ils sont caractérisé par une touche spirituelle & fine, une composition brillante & riche, & des airs de tête gracieux, &c. Il a fait l'histoire, le genre & le paysage; il fut fort à la mode. On vante son portrait de Madame de Pompadour. Get Artiste, si agréable dans ses productions, se montroit tel dans son attélier. Au lieu de préceptes inutiles, je ne sais, disoit-il, conseiller que le pinceau à la main. Il eut pour gendres Deshayes & Baudoin.

Hyacynte Collin de Vermont.

90. *Une Education de la Vierge*, à M. Mauperin.

Il naquit à Versailles, & mourut à Paris en 1771, âgé de soixante-huit ans ; il fut élève de Rigaud. Il a fait plusieurs tableaux d'église & de cabinet, recommandables par la correction, l'élégance & la pureté du dessin. Les principaux ouvrages de cet Artiste sont, une présentation au Temple, qu'on voit à Versailles dans l'église de Saint Louis, & la maladie d'Antiochus, faite pour le concours de 1727. Il existe de lui une vie de Cyrus composant une suite de quarante morceaux. Il seroit à désirer que ces esquisses rendues fussent gravées.

Noel Hallé.

91. *La mort de Sénèque*, à M. Hallé, *Docteur de la Faculté de Médecine à Paris*, 92. *Hercule aux pieds d'Omphale*, à Mde. Hallé.

Cet Artiste a été enlevé aux Arts le 5 Juin 1781, dans la soixante-dixième année de son âge. Il étoit fils de Claude Guy & petit-fils de Daniel Hallé. Le Roi en le décorant de l'Ordre de Saint Michel & en lui donnant la place de Sur-Intendant des tapisseries de la Couronne, a récompensé les services de ses pères & les siens ; sa composition étoit sage & il excelloit dans la perspective. Un des beaux tableaux qu'on a de lui est sa prédication qui se voit dans l'Eglise de Saint Louis à Versailles.

Boizot.

93. *L'Apothéose d'Énée, morceau d'agrément de l'Auteur*, à M. Bachelier.

Cet Artiste né & mort à Paris étoit élève de Lemoine, & en a fait lui-même plusieurs très-recommandables. . . On voit de lui à Saint Hypolite à Paris, un sujet de la vie de Saint. . . . Il avoit pris la manière de son maître au point que plusieurs tableaux de chevalet pourront être attribués à ce dernier. Sa composition, sa couleur & sa touche en sont une parfaite imitation. Il a laissé un fils qui honore le nom de son père dans la Sculpture, & qui est de l'Academie.

De la Joue. *

Cet Artiste, fils d'un Architecte, vivoit au commencement du siecle. Il est connu par des tableaux d'Architecture.

Briard. *

Mort en 1777, âgé de cinquante-deux ans; il fut élève de Natoire. Il sembla d'abord prendre le genre de Watteau, qu'il abandonna pour prendre celui de l'histoire. Il fit le voyage de Rome; revint en France, & décora le plafond de la chapelle de Sainte Marguerite, du tableau représentant les ames tirées du purgatoire par les Anges. Depuis il a peint plusieurs plafonds, à la salle des spectacles de la Cour, à l'hôtel Mazarin, à Lucienne, &c.

Favannes.

On voit de ses ouvrages à l'Abbaye de Saint-Germain-des-Prés. Il vivoit au commencement du siècle.

Jean-Baptiste-Henri Deshayes. *

94 & 95. *Deux têtes d'étude, une Bacchante & une Naïade*, à M. de St. Aubin.

Mort à Rouen sa patrie en 1765. Sa composition est ingénieuse, son coloris ferme & son exécution facile. Ses principaux ouvrages sont à Rouen, l'histoire de S. André en quatre tableaux; l'histoire d'Hélène en huit tableaux à la manufacture des tapisseries de Beauvais; à Orléans la mort de S. Benoît; à Versailles la délivrance de S. Pierre, &c. Il fut élève de Jean Restout, peintre du Roi, de Carle Vanloo. Hector traîné par Achille autour des murailles de Troyes, fut, à son retour de Rome, son morceau de réception; & il fut jugé digne des plus grands Maîtres. Les ouvrages qu'il fit depuis ne diminuèrent rien de l'opinion qu'il avoit donnée de ses talents. La mort l'a moissonné au commencement d'une brillante carrière. Il fut gendre de Boucher.

De la Rue. *

Cet Artiste a laissé peu d'ouvrages en peinture; ses dessins sont très-recherchés. Il vivoit au milieu de ce siècle.

Baudouin. *

Cet Artiste, gendre de Boucher, composoit & coloroit dans le goût de son beaupère. On a de lui beaucoup de gouaches dans les cabinets, & son genre est particulièrement le costume françois.

Charles Eisen.

96. *Luca Signorelli, Peintre Italien, commençant, malgré sa douleur, le portrait de son fils qui venoit d'être tué.*

Cet Artiste, peintre & dessinateur, est mort à Bruxelles le 4 Janvier 1778. On trouve du goût & de l'élégance dans ses ouvrages. On a beaucoup gravé d'après ses dessins. Tout le le monde connoît ceux qu'il a faits pour les métamorphoses d'Ovide, pour les contes de la Fontaine, & pour la Henriade.

Il fut maître de dessin de la Marquise de Pompadour; mais il encourut sa disgrace par un trait bien singulier. Cette Dame lui avoit commandé le dessin d'un habit pour le Roi dans un goût simple mais nouveau, desirant que Sa Majesté jouît d'un vêtement qui n'eût point encore paru : mais Eisen s'en étoit fait faire un semblable; & s'étant montré à Versailles avec cet hab t le jour qu'on avoit engagé le Roi à porter le sien, en lui disant qu'il étoit l'unique, il mortifia infiniment sa protectrice. Il eut un fils Peintre, & qui est aussi mort.

Gabriel de Saint-Aubin.

97. *Le petit tableau d'un plafond projetté en 1752, qui n'a jamais été exécuté, représentant le triomphe de l'Amour, qui, élevé sur un thrône, voit déposer à ses pieds les attributs de tous les Dieux, que sa puissance a subjugués.* 98. *Un paysage avec figures dans le genre de Watteau*; à M. de Saint-Aubin.

Cet Artiste, frère de l'habile graveur de ce nom, mort à Paris en 1780, âgé de cinquante-quatre ans, a travaillé avec succès dans sa jeunesse sous les conseils de MM. Jeaurat, Colin-de-Vermont & Boucher; il s'est attaché de bonne heure à l'étude d'après nature à l'Académie Royale de Peinture, où il a remporté les médailles de dessin, & le second prix de peinture vers 1753 : il n'a manqué à son entier succès dans l'art, que d'avoir été couronné du premier prix; alors il auroit été à Rome, où son goût se seroit épuré par l'étude des chefs-d'œuvres des arts dans tous les genres: mais, dégoûté par des préférences auxquelles il fut très-sensible, il se livra entièrement à une sorte de systême, & ne suivit plus que son penchant naturel pour tous les genres de talents & de connoissances : aussi étoit-il très-instruit; il n'y avoit rien dont il ne pût parler à la satisfaction même des Professeurs de chacune des sciences; mais cela ne mène ni à la fortune ni à la célébrité en Peinture; aussi n'eut-il ni l'une ni l'autre, &, depuis l'époque de 1754, son talent a toujours été en décroissant quoiqu'il s'en occupât sans cesse On ne le rencontroit jamais qu'un crayon à la main, dessinant tout ce qui se présentoit à ses yeux, soit dans les Temples, soit dans les amphythéatres, cours publics ou ventes, & même dans les rues. Ce goût excessif de tout voir, tout savoir, tout dessiner lui emportoit si complettement tous ses instants, qu'il avoit une négligence extrême de sa personne, tant pour sa santé que pour son extérieur, quoiqu'il ne fût pas hors d'état de satisfaire à ces deux points : il portoit cette abnégation de soi-même au point qu'il est mort dans un dépérissement total de la nature, n'ayant voulu se laisser soigner que quand il n'étoit plus temps de le faire.

Frontier.*

Cet Artiste a été à Rome fort longtemps. Le plus grand nombre de ses ouvrages y est. On ne connoît de lui à Paris que son morceau de réception représentant Jupiter qui fait attacher Prométhée sur le rocher.

Jean Hutin

99. *Joseph en prison, qui explique les songes*; à M. Mauperin.

Cet Artiste, Peintre & Sculpteur, est mort depuis peu à Dresde, attaché à la Cour de Saxe. Ses ouvrages en peinture sont fort rares. Celui dont il est question ici donne une bonne idée de sa touche.

Théolon.

100. *Un paysage avec figures.* 101. *Un autre.* 102. *Une tête d'enfant*; à M. de Joubert.

Cet Artiste naquit à Aigues-Mortes en Languedoc le 28 Juillet 1739, & mourut le 10 Mai 1781.

Entraîné par son penchant pour les Arts, il abandonna le commerce pour lequel il étoit destiné. Après avoir pris des leçons chez un peintre de Montpellier, il vint à l'école de M. Vien. Ne pouvant réussir dans le grand genre que professe cet habile Artiste, il se rendit aux sollicitations de M. son frère, & abandonna la peinture : mais ce ne fut pas pour long-temps. Son goût le ramena au paysage & au genre familier, dans lesquels il se fit bientôt une réputation ; une touche légère, une couleur suave les distingue particulièrement. Une des plus estimées est la *mère sévère*. Il fut de l'Académie.

Aubry.

103. *Une mère qui gronde ses enfants* ; à M. Morel.

Cet Artiste, né à Versailles, mort dans cette même ville, âgé de trente-six ans, fut reçu à l'Académie comme Peintre de portrait ; il se donna ensuite au genre dans lequel il s'annonça d'une manière brillante, particulièrement par *le mariage interrompu*. Il voulut se livrer depuis à l'histoire, c'est pourquoi il partit pour Rome. Mais la mort le surprit dans ses grandes idées. On a de lui Coriolan, faisant ses adieux à sa femme, & une esquisse de Caïus, Marius, assis sur les ruines de Carthages. Sa perte a été sentie généralement.

Simon-Mathurin Lantara.

104. *Un Paysage dans l'instant d'une belle matinée.* 105. *Autre paysage à l'instant du coucher du Soleil.*

Ce paysagiste est né dans un village près de Montargis. Dès sa plus tendre jeunesse il dessinoit des paysages sur les portes des maisons. Il étudia quelque temps sous un peintre à Versailles, mais il dut ses progrès principalement à son génie. Il exprimoit parfaitement bien les différentes heures du jour. On a de lui des soleils levants & couchants, des clairs de lune de la plus grande finesse. Il a eu un sort commun avec plusieurs des plus grands peintres, il est mort dans la misère ; ce fut le 22 Décembre 1778.

Challes. *

Cet Artiste, mort le 8 Janvier 1778, a été élève de Boucher : il étoit très-savant dans l'architecture & dans la perspective. Il fut Chevalier de l'Ordre du Roi. Le morceau qu'il a présenté pour sa réception à l'Académie en 1753, est un plafond en forme circulaire, représentant l'union de la Peinture & de la Sculpture par le génie du dessin.

Jean-Baptiste le Prince.

106. *Un grand paysage avec chûte d'eau, tableau d'agréément de l'Artiste, à l'Académie* ; à M. le Comte de Choiseul-Gouffier.

Cet Artiste, né à Metz, est mort le 30 Septembre 1781. Il commença l'étude du dessin dans sa patrie, mais bientôt il vint à Paris sous les auspices & par le ministère de feu, M. le Maréchal de Bellisle, & s'y mit sous la discipline de Boucher. Sous ce maître habile il fit des progrès très-rapides. Des désagréments domestiques le déterminèrent à passer en Russie, où il étoit appellé, & où habitoient ses frères. Il y peignit plusieurs plafonds dans la manière de son maître. Bientôt, frappé de ce que ce pays lui offroit de pittoresque, il se fraya une nouvelle route, & amassa les matériaux dont il a fait usage depuis. De retour à Paris, il fut reçu de l'Académie en 1765 ; son morceau de réception est un baptême dans le rit grec : il a fait des dessins lavés à l'encre de la chine, & au bistre, qui sont très-estimés. Il avoit cherché le secret de les rendre sur le cuivre de la même manière que sur le papier, c'est-à-dire avec le pinceau, & il y parvint. En 1769 il en montra les essais à l'Académie. Il a laissé ce secret à sa niece, qui l'a rendu à l'Académie. Son dernier tableau, représentant des frères quêteurs qui distribuent des agnus à la porte d'un cabaret, exposé au sallon de 1781, n'a fait que rendre sa perte plus amère.

Lelorain.*

Cet Artiste vivoit en 1750. Tout ce que nous avons pu apprendre de lui, c'est qu'il a demeuré en Russie, où il s'est distingué par plusieurs grands ouvrages : à son retour en France, M. le Comte de Caylus lui fit faire plusieurs plafonds en cire colorée. On voit de lui à S. Roch une Ste Irène. Il a suivi la manière de le Sueur. Il dessinoit supérieurement l'ornement. M. de la Live lui a fait faire des meubles dans le goût antique, qu'on préfère aux ouvrages de Boêle.

Catherine Luzurier. *

Cette Artiste, morte à Paris en Janvier 1781, étoit éleve de M. Drouais : elle peignoit très-bien une tête & supérieurement les vêtements ; & elle seroit sans doute parvenue au plus haut dégré de perfection, si elle n'eut été enlevée à la fleur de son âge.

Madeleine-Françoise Basseporte, *Dessinatrice des plantes au Jardin du Roi.*

107. *Un Anana* ; à Mdme. Aillaud.

Cette Artiste, née en 1701, est morte à Paris en 1780 : fille d'un Négociant, elle reçut les premières leçons de dessin de Robert, Peintre de feu M. le Cardinal de Rohan, & dont on fait mention honorable. Son goût & son opiniâtreté la secondèrent dans ses travaux. Elle peignit le portrait au pastel assez heureusement pour qu'à son occasion on rappellât la célèbre Rozalba : mais elle abandonna ce genre pour dessiner & peindre les plantes, non à la maniere des Peintres de fleurs, mais pour offrir au Naturaliste les détails anatomiques les plus secrets de la plante Elle a succédé dans la place de Peintre des plantes au jardin du Roi, à M. Obriette, & a fourni, depuis 1632 jusqu'à sa mort, à la collection du Roi, douze morceaux par chaque année. Le feu Roi faisoit beaucoup de cas de ses talents, & l'avoit souvent vu travailler ; & ce fut avec ses services un titre bien recommandable auprès de Louis XVI pour augmenter sa pension. M. le Comte de Maurepas & M. d'Argenson ont témoigné à cette Artiste la plus grande considération. Jean-Jacques Rousseau a dit que « *la nature donnoit l'existence aux plantes, mais que mademoiselle Basseporte la leur conservoit. . . .* » Elle a rendu de très-grands services aux sciences & aux arts par le zèle avec lequel elle a travaillé à faire des protecteurs à des jeunes gens qui sont devenus depuis des hommes célèbres.

PEINTRES VIVANTS.

ACADÉMICIENS.

M M.

Pierre, *Premier Peintre du Roi, Directeur de l'Académie*

108. *La décolation de S. Jean-Baptiste* ; à M. le Président de Vèvre.

On voit de cet Artiste le plafond de la Chapelle de la Ste Vierge, à S. Roch, & deux autres plafonds, l'un à S. Cloud, l'autre au Palais Royal, &c. C'est pendant son directorat que la liberté a été donnée aux Arts.

Jeaurat, *Chancelier de l'Académie.*

109. *Des Chartreux en méditation dans l'intérieur d'une Caverne* ; à M de Mirbeck, Avocat au Conseil.

On voit de lui & chez lui à Versailles un tableau représentant l'intérieur de son attelier.

Vien, *ancien Directeur de l'Académie de France à Rome.*

110. *Minerve avec le double attribut de la Science & de la Guerre.* 111. *Therpsicore avec le double attribut de la Musique, la lyre & la flûte* ; à M. Dumier.

On voit de ce Maître, à S. Roch, S. Dénis prêchant la foi ; & à S. Germain-l'Auxerrois, le patron de l'Eglise, & S. Vincent, &c. M. le Duc de [illegible] possède la *Marchande d'amours.*

de la Grénée l'aîné, *Directeur de l'Académie de France à* Rome.

112. *Mythridate qui devient amoureux de Stratonice dans un festin*; à M. le Marquis de Cossé.

Cet Artiste a des tableaux dans tous les Cabinets, mais particulièrement une Visitation de la Vierge, chez M. le Marquis de Séran; Hercule & Omphale, chez M. Clos, Lieutenant-Général de la Prévôte de l'Hôtel; le combat de l'Amour & de la Chasteté chez M. le Comte d'Adhémar.

Belle, *Inspecteur de la Manufacture Royale des Gobelins.* *

Peintre d'Histoire. On voit de lui aux Gobelins *des Sultanes dans l'intérieur du Sérail.*

Vanloo, *Peintre du Roi Prusse.* *

Il y a de lui dans la Chapelle de fontainebleau, une Madeleine pénitente chez Simon le Pharisien, & le Juif Pharisien demandant à Jesus, si l'on étoit obligé de payer le tribut à César, &c.

Bachelier, *Auteur & Directeur de l'Ecole Royale gratuite de Dessin.* *

113. *Le loup & le cheval, sujet de la fable de la Fontaine, le petit du grand tableau Peint à* l'encaustique, (1) *très-célébré dans l'Encyclopédie, sous ce mot*; à un anonyme. 114. 115. *Deux tableaux représentant des petits chiens épagneuls jouant dans un jardin.* 116. *Un autre représentant des fleurs & des fruits éclairés par une lampe*; à M. Bazan, Graveur.

On voit de lui dans son attelier: la fin tragique de Milon; la résurrection du Christ pour Saint-Sulpice; & la mort d'Abel, chez l'Abbé Pommyer.

Doyen, *Premier Peintre de* MONSIEUR.

117. *Une esquisse terminée de son grand tableau de* Virginie, *qui est à Parme*; à un Anonyme.

On voit de ce Maître, à Saint-Roch, un tableau à l'occasion de la peste; & aux Invalides, la Chapelle de S. Augustin.

Lépicié, *Peintre d'Histoire & de Genre.* *

On voit à Châlons-sur-Saone, une Résurrection placée dans le Chœur de la Cathédrale: M. Clos, Lieutenant-Général de la Prévôté de l'Hôtel, posséde aussi de lui une douane & un marché.

Brenet.

118. *Les Joueuses d'Osselet*; à M. le Marquis de Cossé.

On voit de cet Artiste plusieurs tableaux à la Chartreuse de Rouen, & chez M. Cochu, Médecin de la Faculté à Paris, un tableau représensant Cincinnatus, créé Dictateur; & un autre représentant Caius Furius Cressinus, se disculpant de l'accusation de magie, qui lui avoit été faite à l'occasion de ses récoltes abondantes, en montrant ses instruments de travail & sa nombreuse famille.

Du Rameau, *Premier Peintre de la Chambre & du Cabinet du Roi.*

119. *Un Saint Louis en méditation.* à M. Bachelier. 120. *Une tête de femme.*

---

(1) Manière de peindre, dans laquelle on emploie des couleurs & des cires passées au feu ou brûlées. La préparation des couleurs consiste à les broyer avec la cire sur un fond échauffé, & à faire fondre les cires colorées avec leur vernis propre, ou à fondre la cire dans les vernis & à y ajouter la couleur réduite en poussière très-fine.

On se sert de l'huile de térébenthine pour humecter les couleurs & laver les pinceaux. M. Bachelier a donné des mémoires très-curieux sur cette espèce de peinture fort en usage chez les Grecs & les Romains: *ceris pingere ac picturam inurere*; Pline, Hist. Nat. liv. 35, ch. 11. C'est aux recherches de M. Majault, Médecin de la Faculté de Paris & de M. le Comte de Caylus qu'on en doit la découverte. Cette peinture est pratiquable sur le bois, la toile & le plâtre; mais il y a un choix à faire. Ses principaux avantages sont de n'avoir point de luisant & de résister à l'humidité.

de la Grenée le jeune.*

On voit de lui aux Chartreux, une présentation de Jesus-Christ au Temple, & à Fontainebleau, dans la Chapelle du Château, le Baptême de Jesus-Christ par S. Jean, & les nôces de Cana. il est aussi l'Auteur d'un tableau à la gloire du Roi, sur la prospérité du commerce, qui est dans la salle d'Assemblée du corps des Drapiers-Merciers.

Tarravai, *de l'Académie Royale des Stockolm.* *

On voit de ses ouvrages à l'Ecole Militaire pour l'Histoire de S. Louis : une Nativité dans la Chapelle de Fontainebleau. On a vu de lui au dernier Salon, la Prédiction faite à Auguste par la Sybille de Cumes, de la naissance de Jesus-Christ.

Menageot.

121. *Un dessin représentant Iris envoyée par Jupiter au devant de Junon, pour lui faire abandonner ses projets de vengeance, contre les Troyens;* à M. le Brun.

On a vu de cet Artiste au dernier Sallon, Léonard de Vinci, mourant dans les bras de François I; & l'étude qui veut arrêter le temps, son morceau de réception. La nouvelle église des des Dames de Saint-Chaumont rue Saint-Denis, en offre un représentant l'Adoration des Bergers, M. de Morfontaine, Intendant de Soisson & M. Cochu, docteur Régent de la Faculté de Médecine, en possédent aussi des tableaux de chevalet.

Suvée.

122. *Un Viellard, vu à mi-corps, apprenant; à lire à sa fille* à M. le Comte d'Orsay.

Le dernier Salon a offert, de cet Artiste, un tableau allégorique sur la liberté accordée aux arts; son morceau de réception. Il a une naissance de la Vierge, dans l'Eglise du Temple; une Visitation, dans l'Eglise de la Visitation de la même ville, & plusieurs sujets de l'histoire de la Ste. Vierge, dans l'Eglise des Récollets d'Ypres.

de la Tour.

123. *Portrait d'un Capucin*, au pastel. 124. & 125. *Deux têtes d'un même Vieillard, peintes en différents temps, dans le même genre.*

On voit de lui le portrait de M. de Ledguive Notaire, chez M. son fils, Conseiller à la Cour des Aides, &c. Ceux de M. & Mde. Mondonville, chez M. leur fils.

Vernet.

126. *Une Marine avec tempête*; à M. Godefroy de Villetaneuse.

Roslin, *Suédois.* *

On voit de cet artiste, à l'Hôte-de-ville, un tableau représentant le corps municipal qui rend hommage à Sa Majesté à son avènement au Thrône, & au Palais Royal, le portrait de M. le Duc d'Orléans à Cheval, &c.

Demachy.

127. & 128. *Deux dessins colorés, représentant, l'un la vue du portail de Saint-Sulpice un jour de procession, l'autre celle de la colomnade du Louvre*; à M. l'Abbé Simon, de la Communauté des Prêtres de S. Sulpice.

On voit de ses ouvrages dans tous les cabinets. Il a adopté le genre de l'Architecture.

Duplessis.

129. *Le portrait de M. Dufresnoi, Notaire;* à M. Dufresnoi.

Cet Artiste, Peintre de Portrait, a fait celui du Roi en pied.

Baufort.

130. *Une Vierge sur des nuages portant l'Enfant Jesns dans une gloire.*

On voit des tableaux de ce Maître à l'Ecole Royale Militaire. Il a exposé la mort de Bayard au dernier Sallon du Louvre.

Renou, *Secrétaire Adjoint de l'Académie.* *

On voit aux Italiens, un plafond de cet Artiste, & dans la Chapelle de Fontainebleau, la Samaritaine & la Femme adultere.

Lundberg, *Premier Peintre du Roi de Suède*, a Stockolm.*

Nonotte, *Peintre de la Ville de Lyon, Peintre de Portraits* *.

L'Enfant, *Peintre de Bataille.* *

Lebel, *Peintre de Paysage.* *

Le Sueur, *Peintre de portraits*, à Bordeaux. *

Perroneau, *Peintre de Portrait,*

130. bis. *Un Portrait de femme*; à M. de S. Aubin.

Valade, *Peintre de Portrait.*

131. *Le Portrait de M. N. Procureur.*

Jeaurat de Bertry, *Peintre de Genre.* *

Baldrighi, *premier Peintre du Duc de Parme*, à Parme.

Desportes, *Peintre de nature morte.*

132. *Un intérieur de Cuisine.*

Mde. Vien, *Peintre d'Animaux.* *

Juliart, *Peintre de Paysage.* *

Voiriot, *Peintre de Portrait.*

133. *Le portrait du Père Jacquier, Minime à Rome,* à M. Hazon.

Favray, *Chevalier de Malthe*, à Malthe. *

Cazanova.

134. *Une Halte, morceau d'agréément de l'Artiste*, à M. le Marquis de Cossé.
135. *Un Berger endormi*, à M. le Prince de Montbarrey.

Roland de la Porte, *Peintre de Portrait & de Genre.* *

Descamps, *Directeur de l'Ecole de Dessin à* Rouen. *
Il peint le Genre.

Bellangé, *Peintre d'Animaux, de Fruits & de Fleurs.* *

Guérin, *Peintre en miniature.* *

Robert.

136. *Vue d'un Monument d'Architecture antique.* 137. *Vue de l'intérieur d'un Palais*, à M. Morel, *Intendant des menus plaisirs de* MONSIEUR.

Loutherbourg, *Peintre de Paysage*, à Londres.

138. *Deux Marines représentant des tempêtes*; à M. Paupe.

Huet, *Peintre d'Animaux.* *

Greuze.

139. *Venus qui vient demander des armes à Vulcain;* Tableau fait dans la jeunesse de l'Artiste; à M. de Calonne, *Intendant de Flandre.* 140. *Le Gâteau des Rois*, à M. Dufresnoi, *Notaire.* 141. *Le petit tableau de l'offrande à l'Amour*; à M. Morel. 142. *Une tête de fille de village*; à M. Godefroy. 143. *Une tête d'Etude de femme*; à M. Morel.

Clérisseau, *Premier Architecte de l'Impératrice de Russie, peintre* d'Architecture. *

Pasquier, *Peintre en miniature.* *

Restout.

On voit à la Bibliothèque du Roi, Anacréon chantant ses poésies, son morceau d'agréément.

144. *Morphée.* 145. *S. Bruno en adoration.*

Mdme. Coster, *née* Vallayer, *Peintre de Portrait & de Genre.*

146. *Un Houmar, sur une table avec de la vaisselle d'argent & des fruits*; à M. Girardot de Marigny.

Jollain.

147. *Le rétablissement de la marine.* 148. *Etablissement d'une Administration Provinciale dans le Berry.*; à M. le Duc de Charost.

Loir, *Peintre & Sculpteur.* *

Veyler, *Peintre en Miniature.* *

Callet.

149. *Esquisse d'un Plafond représentant Zéphir & Flore.* 150. *Vénus qui désarme l'Amour*; à M. Dumier.

On a de ce Maître un grand plafond en forme de coupole, chez MM. de Thélusson' rue d'Artois., & le portrait de M. le Comte de Vergennes.

Berthélémy *

Son morceau de réception est Apollon qui après avoir lavé le cadavre de Sarpédon, ordonne au sommeil & à la mort de le porter en Lycie à ses parents & à ses amis.

Van Spaendonck, *Peintre de fleurs.* *

On voit de ses ouvrages chez Mdme. la Marquise de Groslier, chez M. Watelet, &c.

Vincent.

151. *Bélisaire recevant l'aumône d'un Guerrier*; à M. Voiriot.

Il est Auteur du tableau représentant le Président Molé, dans une sédition, ordonné par le Roi pour la gloire de ce Magistrat. On a de lui Saint Jean prêchant dans le désert, &c. à Rouen dans l'Eglise de l'Hôtel Dieu, &c.

Hue.

152. *L'entrée d'une Forêt*, morceau d'agréément de l'Artiste, à M. Dufresnoy. *Notaire.*

Il peint la Marine & le Paysage.

Sauvage, *Peintre de Genre.* *

Mdme. le Brun, *née* Vigée, *peintre de portrait.*

153. *Le portrait de M. le Marquis de Cossé.*

On a de cette Artiste, l'innocence qui se jette dans les bras de la Justice, grand pastel; Junon qui demande sa ceinture à Vénus; ce dernier tableau est à Mgr. Comte d'Artois; son portrait dans le Cabinet de M. le Comte de Vaudreuil.

Mdme. Guyard, *née* Labille, *Peintre de portrait.*

154. *Un portrait de femme.*

Son morceau de réception est, M. Pajou modelant le buste de son maître Lemoine, au pastel.

AGRÉÉS.

Portien, *Peintre de Portrait.* *

Douet, *Peintre de Portraits à Lyon.* *

Deshayes, *Peintre de portrait*, frère de *Jean-Baptiste*. *

Fragonard.

155 *L'esquisse du grand tableau de Callirhoé, qui est chez le Roi*, à un anonyme. 156. & 157. *Des Paysages avec figures d'hommes & d'animaux*; à M. le Comte de Choiseul-Gouffier.

Parmi ses ouvrages, on en cite un qui représente la visitation. M. le Marquis de Véri en possède plusieurs en différents genres.

Monnet. *

Il s'addonne plus au genre des dessins qu'à la Peinture.

Olivier.

158. *Un tableau représentant Télémaque dans un temple chez Alceste, prêt à être immolé*. 159, & 160. *Deux petits sujets à la manière de Watteau.*

Cet Artiste a fait beaucoup d'ouvrages en Espagne où il a résidé.

de Bounieu. *

Cet Artiste a dans le cabinet de M. le Duc de Chartres une Bethsabé, & à la Bibliothèque du Roi, Adam & Eve & une Magdeleine : il fait aussi le paysage.

Hall, Suédois, *Peintre de portrait en miniature.*

161. *Le Portrait de Mlle. de Cossé, fille de M. le Marquis de Cossé.*

Courtois, *Peintre en Miniature & en émail.* *

Martin.

162. *Hector renversé après le combat.*

On voit de cet Artiste, à la Chartreuse de Marseille, un grand tableau représentant l'Ascension de Notre-Seigneur, & dans une Eglise d'Edimbourg une descente de Croix, son morceau d'agréément.

Robin. *

On voit de cet Artiste, à l'Hôtel-de-Ville de Paris, un tableau relatif à l'avénement du Roi au Thrône, & à Bordeaux le plafond de la nouvelle Comédie.

Ville, *fils du célèbre Graveur de ce nom*, & *Peintre de genre.*

163. *Une femme qui fait des exclamations après la lecture d'une lettre*; à M. Basan. 164. *une jeune femme qui compare le bout de son sein avec une rose*; à M. Mauperin.

On voit de lui un Braconier, chez M. Bauvarley, Graveur du Roi.

Houel, *Peintre de paysage.*

165. *Un paysage représentant une vue des environs de Rome.*

Cet Artiste a beaucoup voyagé, & le voyage pittoresque des pays qu'il a parcourus, particulièrement en Sicile, se distribue par souscription.

Bardin,

Bardin. *

On a vu de cet Artiste au dernier Salon du Louvre, une Adoration des Mages, pour la Chapelle de Fontainebleau.

Le noir, *Peintre de portraits.**

On connoît de cet Artiste le portrait de M. Morand, de l'Académie des sciences, & celui de Lekain en Orosmane, &c.

Decort, *Peintre de paysage*, à Anvers.

166. *Une vue des environs d'Anvers; avec figures & eau*; à M. Godefroi.

On voit de ses ouvrages à Chantilly.

Le Barbier. *

On a de lui, entre autres choses, le Siège de Beauvais, &c.

D'Arayne. *

On a vu une Ste. Famille de cet Artiste, au dernier Salon du Louvre.

Dubucour, *Peintre de Genre.* *

167. *L'intérieur d'une famille Flamande*, à M. le Comte de Cossé.

David. *

Cet Artiste a présenté pour morceau d'agréément un Bélisaire, une peste & une Académie.

Renauld, *Peintre d'histoire*; nouvellement agréé. *

Taillasson, *Peintre d'Histoire*; nouvellement agréé. *

Echard, *Peintre de paysage*; nouvellement agréé. *

Julien, *Peintre d'histoire*; nouvellement agréé *

De Marne, *Peintre de paysage.*

168. *Un paysage*, à M. Gallot.

Nivare, *Peintre de paysage.*

169. *Une vue du bois de* Boulogne *& du Château de* Madrid; à M. le Comte de Cossé.

NON ACADÉMICIENS ET NON AGRÉES.

MM.

Charpentier; *Peintre de M. le Duc de Penthièvre.**

Cet Artiste fait le portrait & le genre.

Taunay, *Peintre de paysage.*

170. *Une Marche d'armée avec Canons*, à M. Godefroy. 171. *Une foire de Village avec spectacle de la troupe d'Arlequin*, à M. le Comte de Cossé.... 172. & 173. *Deux paysages*, à M. Godefroy.

Prévôt l'aîné, *Peintre de Fleurs.*

174. *Une Corbeille remplie de fleurs, peinte* à gouache.

François, *Peintre de portrait.*

175. *Une tête de Recollet*, au pastel.

Trinquesse, *Peintre de portrait & de genre.* *

Ducreux *Peintre de portrait.*

176. *Son portrait à l'huile, en rieur.* 177. *Une tête d'homme au* pastel.

Bose, *Peintre de portrait.* *

Vincent de Montpetit, *Peintre de portrait.*

178, *Un petit tableau* à la manière éludorique, (1) *représentant* Mde. *de Pompadour & une jeune Angloise couronnant de fleurs le buste de Louis XV dans un jardin. Les figures ont été faites, d'après nature, & le sujet executé à l'occasion de la derniere paix.*

Genillon, *Peintre de paysage*, élève de M. Vernet.

179. *Un Paysage orné d'Architecture;* à M. Cornillon.

Rouvier, *Peintre de portrait en* Miniature. *

Volaire, *Peintre de marine & de paysage*, à Naples.

180. *Un calme au coucher du Soleil.* 181. *Une tempête avec vue d'hommes, qui se sauvent du naufrage;* à M. Cornillon.

Danloux, *Peintre d'histoire, & de portrait.* *

Challes, *Peintre de genre.*

182. *Une jeune fille nue, assise sur les pieds du lit, se couvrant d'un rideau,* à M. Godefroy.

Sicardi, *Peintre de portrait en miniature, & de genre.*

Vestier, *Peintre de portrait.* *

183. *Une jeune fille en négligé, vue à mi-corps*, à la manière éludorique. 184. *Une Dame qui apprend à lire à sa fille*, peinte à l'huile. 185. *Une tête de femme d'expression.* 186. *La petite nonchalante*; miniature.

Le Paon, *Peintre de Batailles de M. le Prince de Condé.* *

Ses principaux ouvrages sont deux batailles dans la Galerie du Palais Bourbon.

---

(1) Nouvelle manière de peindre en miniature, dont la dénomination dérive de deux mots grecs qui signifient *huile* & *eau*, parce que l'on emploie ces deux liqueurs dans le genre dont il est question. On place, dans le temps du travail, le petit tableau sous une eau très-limpide, ensuite avec un pinceau ferme & très-fin, on prend des couleurs à l'huile. Le Peintre peut retoucher son tableau en liberté & aussi souvent qu'il le veut, l'eau ne laisse aux couleurs que l'huile nécessaire pour les attacher & faire surnager le surplus. Lorsque la peinture est finie, on la met sous un crystal en interceptant l'air & la renfermant exactement par le moyen d'un mordant sans couleur, passé à une chaleur douce. Les ouvrages en ce genre ont la vivacité de l'émail, le fini de la détrempe & le moëleux de la peinture à l'huile. M. Vincent de Montpetit est l'inventeur de cette manière de peindre.

Brossard de Beaulieu, *Peintre de portrait.*

187. *Le portrait de feu M.* Mouchard, *Receveur Général des Finances.* 188. *Celui du Révérend Père Elysée ; non encore achevée, ce Prédicateur ayant été obligé d'aller passer le Carême à Dijon, & ayant succombé à Pontarlier dans une maladie, qui a été la suite de ses travaux.*

Ce dernier Portrait est destiné par l'Auteur, pour la collection des hommes célèbres, au chef-lieu de la Correspondance.

Billecocq, *Peintre de genre, & dans la manière des Flamands,* *

Moreau, *Peintre de paysage.* *

Lallemand, *peintre de paysage.*

189. *Un Paysage avec vent & pluye, orné d'architecture*; à M. Cornillon.

Hilaire, *peintre de genre & de paysage.*

Ce jeune Artiste, élève de le Prince, a fait avec M. le Comte de Choiseul-Gouffier le voyage de la Grèce. Il peint les sites & le costume levantin.

Thourond, *Peintre en émail* *

Rabillon, *Peintre de portrait.*

190. *Le portrait de feu M. Vernet, frère de M. Vernet, Peintre du Roi, peint au pastel*; à M. Vernet son fils, *Sculpteur.*

Pécheux, *Peintre d'Histoire, à* Turin. *

On voit de ses ouvrages dans le cabinet de M. le Marquis de Véri.

Bruandet, *Peintre de paysage.*

191. *Deux Paysages avec figures d'hommes & d'animaux*; à M. de Mirbeck.

Julien de Parme, *Peintre d'histoire.* *

On voit de ses ouvrages chez M. le Marquis de Véri & à l'Hôtel de Nivernois.

Descarsin, *Peintre de portrait.* *

Schmidt, *Peintre de paysage.* *

Mde. Suvée, *peintre en miniature.* *

Mde. Fragonard, *peintre de genre, en miniature.* *

Mlle. Frémy, *Peintre de portrait.*

192. *Portrait de M. N.... Procureur au Châtelet.*

Mlle. Avril, *Peintre de portrait.*

193. *Son portrait au* pastel ; *différents objets en miniature.*

Pillemant, *Peintre de paysage & d'animaux.*

194. *Une vache dans des paysages où l'on voit paître des moutons,* . . . .
195. *Autre vache dans un paysage avec figures d'hommes & d'animaux , lesdits objets peints au* pastel, à M. Gallo.

Notté , *Peintre de portrait.* *

Un amateur nouvellement arrivé d'Italie, qui a apporté quarante belles copies des portraits des principaux Artistes de toutes les Ecoles qui sont dans la galerie de Florence , a bien voulu se dessaisir de ceux des Maîtres François qui composent sa collection en faveur du but de la nôtre. Ainsi nous devons à sa complaisance *de Troy*, dernier mort , *Largiliere* , *Rigault* , *Vouet* , *Mignard* , *Callot* , *Forêt* , & le premier *Vanloo* ; M. de Wailly , Architecte du Roi , possédant les médaillons de *Carle Vanloo* , *Boucher* & *Chardin* , les a aussi accordé à nos vues.

Tandis que nous saisissons toutes les circonstances qui peuvent ajoûter au triomphe des Sciences & des Arts, il nous reste un scrupule qui trouble notre satisfaction. Dans l'indication des principaux ouvrages des Artistes vivants , nous avons sans doute , faute de bons renseignements , omis des objets bien intéressants , soit pour la gloire de ces Artistes , soit pour la curiosité publique. Mais nous le croyons. Les omissions occasionneront les réclamations. . . . Nos fautes même , nous procureront plus de détails que des recherches. Nous allons suppléer en partie à ce qui manque à cet égard , par l'indication des principaux cabinets de cette Capitale où la munificence la mieux entendue , & le goût le plus éclairé pour les Arts a réuni des chefs-d'œuvres en tous genres. C'est ainsi que nous indiquerons du moins des sources , si nous n'épargnons pas des recherches. On sent que , dans l'énumération des ouvrages en général, il n'a pu être question de ceux qui ornent la Collection immense du Roi , où chacun suppose facilement qu'il s'entrouve ; nous ne placerons pas plus en tête des Cabinets que nous allons citer , cette Collection & celle du Palais Royal , elles sont hors de rang.

POSSESSEURS DE CABINETS DE TABLEAUX.

S. A S. Mgr. le Prince de *Condé*, au Palais Bourbon.

MM. le Duc de *Praslin*, le Comte de *Vaudreuil*, le Duc de *Chabôt*, le Comte de *Baudoin*, de *Véry*, de *Presle* , le Comte de *Merle* , de *Tolosan*, le Maréchal de *Noailles* , *Bergeret* , *Dufresnoi* , le Chevalier *Lambert* , *Watelet* , *Delalive* , *de la Briche* , le Marquis de *Sabran* , de *Beaumont* , *du Tartre* , *Aubert*, le Duc de *Brissac*, de *Courmont* , *de Billy*, le Baron de *Bezenval* , *de Beaujon* , *Godefroy* , le Comte d'*Orsay* , le Baron d'*Holbach* , le Bailly *de Breteuil* , *Clos*, Lieutenant-Général de la Prévôté de l'Hôtel, *Rousseau* , *Girardot* de *Marigny* , Mde. la Marquise *de la Ferté-Imbault*; le Marquis & le Comte *de Cossé* , & plusieurs des Propriétaires des Tableaux cités dans ce Catalogue.

N. B. le terme d'*Ecole* , en Peinture , se prend sous diverses acceptions , tantôt pour le lieu où l'on enseigne à peindre , & tantôt pour désigner les élèves d'un grand Peintre ; c'est ainsi qu'on dit l'*école* de Raphaël , de Vouet, &c. : enfin pour désigner la classe ou la suite des Peintres qui se sont rendus célèbres dans un pays , après y avoir étudié. C'est sous ce dernier sens que nous l'employons dans ce catalogue. Nous avons suivi , à l'égard des Peintres anciens , le plan qui a été tracé par M. d'Argenville ; ainsi Champagne , la Rosalba , ainsi que d'autres peintres étrangers qui ont été de l'académie royale , ne sont point compris dans l'école : on verra néanmoins quelques-uns de leurs ouvrages exposés ; mais nous n'avons pû nous refuser d'adopter absolument comme nationnaux , des artistes distingués , qui font à présent , & depuis long-temps , la gloire de notre académie , quoique nés en pays étranger : ils n'ont pas besoin sans doute de nos hommages , mais il nous est permis d'être entraîné par leurs chefs-d'œuvres. Si c'est une erreur, nous l'avouons ; les personnes de sang froid pourront la rectifier.

MM, Cochin, de Wailly , de Saint-Aubin , Mariller & autres artistes distingués de ce genre , ne paroissent pas dans ce tableau ; mais nous nous proposons de faire jouir le public de leurs ouvrages selon un autre systême.

A PARIS , chez KNAPEN & Fi s , Imprimeurs-Libraires , au bas du Pont S. Michel.

www.ingramcontent.com/pod-product-compliance
Ingram Content Group UK Ltd.
Pitfield, Milton Keynes, MK11 3LW, UK
UKHW021038180726
13838UKWH00004B/1882